I0839901

COMMENT ANALYSER LES GENS : GUIDE PRATIQUE POUR PERCER LEUR VÉRITABLE NATURE

AURNY AIRDUVAL

COMMENT ANALYSER LES GENS : GUIDE PRATIQUE POUR PERCER LEUR VÉRITABLE NATURE

L'analyse des gens, également connue sous le nom d'analyse comportementale, est une compétence cruciale dans notre vie quotidienne. Que vous soyez un professionnel cherchant à améliorer vos relations au travail, un parent souhaitant mieux comprendre vos enfants, ou simplement quelqu'un qui veut décrypter les mystères du comportement humain, l'analyse des gens peut vous apporter une clarté et une compréhension profonde.

1. Pourquoi l'analyse des gens est-elle importante ?

L'importance de l'analyse des gens réside dans sa capacité à nous permettre de mieux comprendre les autres et, par conséquent, à mieux interagir avec eux.

Voici quelques raisons pour lesquelles cette compétence est si précieuse :

a. Amélioration des relations interpersonnelles : l'une des raisons les plus évidentes pour lesquelles l'analyse des gens est importante est qu'elle améliore nos relations avec les autres. En comprenant les motivations, les émotions et les besoins des personnes avec lesquelles nous interagissons, nous pouvons établir des relations plus solides et plus harmonieuses.

b. Communication efficace : l'analyse des gens nous aide à décoder les signaux subtils que les autres envoient à travers leur langage corporel, leur ton de voix et leurs mots. Cela nous permet d'adapter notre communication pour être plus efficace. Par exemple, si vous remarquez que quelqu'un est stressé, vous pouvez choisir des mots rassurants et adopter un ton calme pour apaiser la situation.

c. Prise de décision éclairée : dans de nombreuses situations de la vie, nous devons prendre des décisions qui impliquent d'interagir avec d'autres personnes. Que ce soit dans le cadre professionnel, familial ou social, comprendre les motivations et les intentions des autres peut vous aider à prendre des décisions plus éclairées et à éviter les malentendus.

d. Détection de la manipulation : l'analyse des gens peut également vous aider à repérer les signes de manipulation ou de comportement malveillant. Si vous êtes capable de détecter quand quelqu'un essaie de vous tromper ou de vous manipuler, vous pouvez prendre des mesures pour vous protéger.

e. Développement personnel : l'analyse des gens n'est pas seulement utile pour comprendre les autres, elle peut également être un outil puissant pour le développement personnel. En observant vos propres comportements et en les analysant de manière critique, vous pouvez identifier des domaines d'amélioration et travailler sur vous-même.

f. Succès professionnel : dans le monde professionnel, l'analyse des gens est une compétence précieuse pour les gestionnaires, les leaders et les entrepreneurs. Comprendre les besoins et les motivations de vos employés, de vos collègues ou de vos clients peut vous aider à prendre des décisions stratégiques et à diriger efficacement une équipe.

2. Les bases de l'analyse des gens

Maintenant que nous avons compris pourquoi l'analyse des gens est importante, il est temps d'examiner les bases de cette compétence. Au cœur de l'analyse des gens se trouve la capacité à observer, à écouter et à interpréter les signaux comportementaux. Cela implique de prêter attention aux détails, d'être conscient de votre propre présence et de développer une sensibilité aux émotions et aux intentions des autres.

Dans ce livre nous allons étudier en détail ces concepts fondamentaux ainsi que les différentes techniques et stratégies que vous pouvez utiliser pour analyser les gens de manière efficace et éthique.

L'analyse des gens est une compétence qui peut être apprise et affinée au fil du temps. Que vous soyez un novice cherchant à améliorer votre compréhension des autres ou un expert souhaitant perfectionner vos compétences, ce livre vous guidera à travers le processus d'analyse comportementale, vous fournissant les connaissances et les outils nécessaires pour percer la véritable nature des gens.

Partie 1

Les fondements de l'analyse comportementale

Chapitre 1

Les bases de l'analyse comportementale

L'analyse comportementale repose sur la capacité à observer, à interpréter et à comprendre les actions, les gestes, les paroles et les émotions des individus. Cette compétence est essentielle pour décrypter les mystères du comportement humain et améliorer nos relations interpersonnelles. En développant cette compétence, vous serez en mesure de mieux comprendre les autres, d'améliorer vos relations et d'interagir de manière plus efficace dans tous les domaines de votre vie. Nous allons voir les bases de l'analyse comportementale, en mettant l'accent sur les compétences fondamentales nécessaires pour devenir un observateur averti.

1. L'importance de l'observation

L'observation est le pilier de l'analyse comportementale. Elle consiste à prêter une attention particulière aux comportements des individus, que ce soit dans des situations sociales, professionnelles ou personnelles. Pour devenir un observateur efficace, voici quelques principes clés à prendre en compte :

a. La neutralité : lorsque vous observez quelqu'un, il est essentiel de rester neutre et impartial. Évitez les jugements hâtifs et les préjugés. Gardez à l'esprit que les comportements peuvent être influencés par de nombreuses variables, y compris les émotions, les circonstances et les expériences passées.

b. L'attention aux détails : les détails comptent énormément en analyse comportementale. Les gestes subtils, les micro-expressions faciales, les changements dans le ton de voix, et même les pauses dans la conversation peuvent révéler des informations importantes sur l'état émotionnel et mental d'une personne.

2. La patience

L'observation demande de la patience. Certaines informations comportementales peuvent ne pas être évidentes au premier abord. Il peut être nécessaire d'observer une personne sur une période de temps plus longue pour détecter des schémas de comportement significatifs.

3. L'écoute active

En plus de l'observation visuelle, l'écoute active est une compétence essentielle en analyse comportementale. L'écoute active consiste à prêter une attention totale à ce que dit une personne, à poser des questions pertinentes et à montrer de l'empathie. Voici comment pratiquer l'écoute active :

a. Écoutez sans interrompre : lorsque quelqu'un parle, évitez de l'interrompre. Laissez la personne s'exprimer librement avant de poser des questions ou de donner votre avis.

b. Posez des questions ouvertes : les questions ouvertes encouragent une discussion plus approfondie et permettent à la personne de s'exprimer davantage. Au lieu de poser des questions fermées qui nécessitent une réponse courte, posez des questions ouvertes qui encouragent la réflexion et l'expression.

c. Faites preuve d'empathie : montrez de l'empathie en reconnaissant les émotions de la personne. Vous pouvez dire des choses comme "Je comprends que vous vous sentiez frustré" ou "Il semble que vous soyez heureux de cette nouvelle."

4. La communication non verbale

La communication non verbale joue un rôle crucial dans l'analyse comportementale. Elle englobe tous les éléments de la communication qui ne sont pas des mots, y compris le langage corporel, les expressions faciales, la posture, les gestes et le contact visuel. Pour comprendre la signification derrière la communication non verbale, voici quelques points à considérer :

a. Le langage corporel : le langage corporel peut révéler beaucoup d'informations sur l'état émotionnel et mental d'une personne. Par exemple, une personne qui croise les bras peut signifier qu'elle se sent défensive ou fermée à la discussion.

b. Les expressions faciales : les expressions faciales sont un indicateur puissant des émotions. Les sourires, les froncements de sourcils, les plissements des yeux, et les mouvements des lèvres peuvent tous donner des indices sur ce que ressent une personne.

c. La posture et les gestes : la façon dont une personne se tient et les gestes qu'elle fait peuvent indiquer son niveau de confort, de nervosité ou d'assurance. Par exemple, une personne qui se penche en avant peut montrer de l'intérêt, tandis qu'une personne qui se recule peut signifier le désintérêt.

Chapitre 2

Communication non verbale : le langage du corps

La communication non verbale, souvent appelée le "langage du corps", est une forme de communication humaine puissante et subtile qui transmet des informations sans recourir aux mots. Comprendre et interpréter le langage du corps est essentiel pour décrypter les mystères du comportement humain. Nous allons voir en profondeur la communication non verbale, en mettant en lumière son rôle essentiel dans l'analyse des gens.

1. Les éléments clés de la communication non verbale

La communication non verbale englobe divers éléments, chacun contribuant à la transmission d'informations. Voici les principaux éléments du langage du corps que vous devez connaître :

a. Les expressions faciales : les expressions faciales sont l'un des aspects les plus visibles et les plus puissants de la communication non verbale. Le visage d'une personne peut révéler une gamme d'émotions, notamment la joie, la tristesse, la colère, la peur et le dégoût. Par exemple, un sourire indique souvent la satisfaction ou la positivité, tandis qu'un froncement de sourcils peut indiquer la contrariété.

b. Les gestes : les gestes sont des mouvements des bras, des mains et des doigts qui complètent ou renforcent la communication verbale. Les gestes peuvent varier en fonction de la culture et de la situation, mais certains, comme le fait de pointer du doigt ou de hocher la tête, sont universels dans leur signification.

c. La posture : la posture d'une personne révèle beaucoup sur son état émotionnel et son niveau de confort. Une personne qui se tient droite et ouverte indique généralement de la confiance, tandis qu'une personne qui se recroqueville ou qui croise les bras peut montrer de la réserve ou de la défensive.

d. Le contact visuel : le contact visuel, ou le fait de regarder directement une autre personne dans les yeux, est un élément important de la communication non verbale. Un contact visuel approprié indique l'intérêt, l'écoute et la confiance. Éviter le contact visuel peut signaler de la nervosité, de la méfiance ou de la dissimulation.

e. Les signaux de distance : la distance physique entre les individus lors d'une interaction communique également des informations importantes. Par exemple, se tenir très près de quelqu'un peut indiquer de l'intimité ou de l'agression, tandis que se tenir à une distance plus éloignée peut signifier de la réserve ou du respect de l'espace personnel.

2. La congruence et l'incongruence

Lors de l'analyse de la communication non verbale, il est essentiel de tenir compte de la congruence ou de l'incongruence des signaux. La congruence se produit lorsque les éléments verbaux et non verbaux d'une communication sont en accord. Par exemple, si quelqu'un dit être heureux tout en souriant et en adoptant une posture détendue, il y a congruence entre le langage verbal et non verbal.

L'incongruence, en revanche, se produit lorsque les signaux verbaux et non verbaux sont en désaccord. Par exemple, si quelqu'un affirme ne pas être en colère tout en serrant les poings et en fronçant les sourcils, il y a incongruence, et cela peut indiquer une dissimulation ou un malaise.

3. L'importance de la pratique

L'interprétation précise de la communication non verbale nécessite de la pratique. Chaque individu est unique, et il peut y avoir des variations culturelles dans la signification des signaux non verbaux. Pour devenir un observateur averti, il est utile de s'exercer en observant les autres et en comparant les signaux non verbaux à leurs paroles et à leur comportement global.

4. Application pratique

La compréhension du langage du corps peut avoir un impact significatif sur votre vie quotidienne. Que ce soit dans le cadre professionnel, social ou personnel, être capable de lire les signaux non verbaux des autres peut vous aider à mieux comprendre leurs intentions, leurs émotions et leurs besoins. Vous pouvez également utiliser cette compétence pour améliorer votre propre communication non verbale, en veillant à ce que vos signaux soient congruents avec vos paroles et vos intentions.

Chapitre 3

L'importance de la communication verbale

La communication verbale, c'est-à-dire la communication par les mots, joue un rôle crucial dans notre capacité à interagir avec les autres et à comprendre leur comportement. Nous allons voir en profondeur l'importance de la communication verbale dans l'analyse des gens, en mettant en évidence comment les mots que nous utilisons, la manière dont nous les utilisons et ce que nous ne disons pas peut révéler des informations essentielles sur nos pensées, nos émotions et nos intentions.

1. Les mots que nous utilisons

Les mots que nous choisissons pour communiquer sont l'un des moyens les plus évidents de transmettre des informations. Lorsque nous analysons les gens, nous devons être attentifs aux mots qu'ils utilisent, car ceux-ci peuvent révéler des indices importants. Voici quelques points clés à considérer :

a. Le choix des mots : le choix des mots peut indiquer les valeurs, les croyances et les priorités d'une personne. Par exemple, une personne qui utilise fréquemment des termes liés à la réussite financière peut accorder une grande importance à la richesse matérielle.

b. Les métaphores et les expressions : les métaphores et les expressions idiomatiques que quelqu'un utilise peuvent également fournir des informations. Par exemple, quelqu'un qui utilise fréquemment des métaphores liées à la guerre peut avoir une approche compétitive de la vie.

c. Les mots chargés d'émotion : les mots qui sont chargés d'émotion, qu'ils soient positifs ou négatifs, peuvent révéler les sentiments profonds d'une personne. Par exemple, une personne qui utilise des mots positifs comme "amour", "joie" et "bonheur" peut être en général optimiste et positive.

2. La manière dont nous utilisons les mots

En plus du choix des mots, la manière dont nous utilisons les mots est également importante. La tonalité, le rythme et l'intonation de la voix peuvent tous influencer la signification d'un message. Voici quelques éléments à prendre en compte :

a. Le ton de voix : le ton de voix peut indiquer l'émotion derrière les mots. Par exemple, une voix tremblante peut révéler de la nervosité, tandis qu'une voix ferme peut indiquer de la détermination.

b. Le rythme de la parole : le rythme de la parole peut refléter l'excitation, la frustration ou la précipitation. Une personne qui parle rapidement peut-être enthousiaste, tandis qu'une personne qui parle lentement peut-être frustrée ou délibérée.

c. L'intonation : l'intonation, c'est-à-dire la manière dont la voix monte ou descend à la fin d'une phrase, peut changer complètement la signification d'une déclaration. Par exemple, une affirmation peut devenir une question avec une intonation montante.

3. Ce que nous ne disons pas

Ce que nous choisissons de ne pas dire peut être aussi révélateur que ce que nous disons. Le silence, les pauses et les omissions peuvent transmettre des informations importantes. Voici quelques exemples :

a. Le silence : le silence peut indiquer de l'inconfort, de la réflexion ou de la dissimulation. Parfois, ce qui n'est pas dit est aussi significatif que ce qui est dit.

b. Les pauses : les pauses dans la parole peuvent donner à l'autre personne le temps de réfléchir ou de choisir soigneusement ses mots. Les pauses prolongées peuvent signaler de la réticence ou de la prudence.

c. Les omissions : ce que quelqu'un choisit de ne pas mentionner peut révéler des préoccupations ou des intentions cachées. Par exemple, l'omission d'informations importantes dans une discussion peut être une forme de dissimulation.

4. L'importance de la congruence

Lors de l'analyse des gens, il est essentiel de tenir compte de la congruence entre la communication verbale et non verbale. Si quelqu'un dit une chose tout en montrant des signaux non verbaux qui vont à l'encontre de cette déclaration, cela peut indiquer de la dissimulation ou de la confusion.

5. Application pratique

La compréhension de la communication verbale est essentielle pour analyser les gens de manière approfondie. En prêtant attention aux mots, à la manière dont ils sont utilisés et à ce qui n'est pas dit, vous serez en mesure de mieux comprendre les intentions, les émotions et les pensées des autres. Cette compétence peut vous aider à améliorer vos relations interpersonnelles, à éviter les malentendus et à communiquer de manière plus efficace.

Chapitre 4

Les indices dans la voix et le langage

La voix et le langage sont des outils puissants pour comprendre les autres. Les indices dans la voix, tels que le ton, le rythme et l'intonation, ainsi que les choix linguistiques et les modèles de discours, peuvent révéler des informations essentielles sur les émotions, les intentions et la personnalité d'une personne. Nous allons voir en profondeur ces indices dans la voix et le langage, en mettant en lumière leur importance dans l'analyse des gens.

1. Les indices dans la voix

La voix humaine est un instrument incroyablement expressif. Les variations dans la voix peuvent transmettre une gamme d'émotions et de nuances. Voici quelques-uns des indices les plus importants dans la voix à prendre en compte :

a. Le ton de voix : le ton de voix se réfère à la qualité émotionnelle de la voix. Il peut être chaleureux, froid, enthousiaste, triste, agressif, etc. Le ton de voix peut révéler l'état émotionnel d'une personne. Par exemple, une voix tremblante peut indiquer de la nervosité, tandis qu'une voix enjouée peut indiquer de la joie.

b. L'intonation : l'intonation se rapporte à la manière dont la voix monte ou descend à la fin d'une phrase. Une intonation montante peut transformer une déclaration en une question, tandis qu'une intonation descendante peut donner une impression de certitude. L'intonation peut également indiquer l'humeur d'une personne. Une intonation plate peut signaler de l'indifférence ou de la fatigue.

c. Le rythme de la parole : le rythme de la parole peut varier en fonction de l'émotion ou de l'état mental d'une personne. Une parole rapide peut indiquer de l'excitation ou de la nervosité, tandis qu'une parole lente peut signaler de la réflexion ou de la prudence.

d. Le volume : le volume de la voix peut également fournir des informations. Une voix forte peut indiquer de la confiance ou de l'agressivité, tandis qu'une voix douce peut signaler de la timidité ou de l'intimité.

2. Les choix linguistiques

Les mots que nous choisissons et la manière dont nous les utilisons sont également révélateurs. Les choix linguistiques peuvent indiquer des préoccupations, des priorités et des valeurs. Voici quelques exemples :

a. Les pronoms : les pronoms que quelqu'un utilise peuvent révéler son niveau d'égocentrisme ou d'ouverture aux autres. Par exemple, l'utilisation excessive du pronom "je" peut indiquer un ego prononcé, tandis que l'utilisation du pronom "nous" peut signaler une orientation plus collective.

b. Le langage positif ou négatif : le choix de mots positifs ou négatifs peut révéler l'attitude d'une personne envers un sujet. Par exemple, quelqu'un qui utilise des mots positifs pour décrire son travail montre une attitude positive à l'égard de sa carrière.

c. Les modèles de discours : les modèles de discours, tels que l'utilisation de métaphores, de répétitions ou de sarcasme, peuvent également donner des indices sur la manière dont une personne pense et ressent. Par exemple, l'utilisation fréquente de métaphores liées au sport peut indiquer une mentalité compétitive.

3. La congruence entre la voix et le langage

Lors de l'analyse des gens, il est essentiel de tenir compte de la congruence entre la voix, le langage et les signaux non verbaux. Si la voix d'une personne exprime de la tristesse, mais ses mots disent le contraire, il peut y avoir une incongruence qui indique de la dissimulation ou de la confusion.

4. Application pratique

La compréhension des indices dans la voix et le langage peut vous aider à mieux comprendre les autres, à décoder leurs émotions, leurs intentions et leur personnalité. Vous pouvez également utiliser cette compétence pour améliorer votre propre communication en veillant à ce que votre voix et vos mots soient congruents avec ce que vous voulez transmettre. Dans les interactions professionnelles, sociales et personnelles, cette compétence peut vous aider à établir des relations plus authentiques et plus efficaces.

Chapitre 5

L'impact de l'apparence et de la tenue vestimentaire

L'apparence et la tenue vestimentaire d'une personne sont des éléments visibles et immédiatement perceptibles de son identité. Ils jouent un rôle essentiel dans notre première impression et peuvent révéler des informations importantes sur la personnalité, le statut social et les intentions d'une personne. Nous allons voir en profondeur l'impact de l'apparence et de la tenue vestimentaire dans l'analyse des gens.

1. L'apparence physique

L'apparence physique englobe des caractéristiques telles que la taille, la forme du visage, la couleur des yeux, des cheveux et la posture. Ces éléments contribuent à la première impression que nous avons d'une personne. Voici quelques points clés à considérer :

a. La symétrie du visage : la symétrie faciale est souvent associée à la beauté et à la santé. Les visages symétriques sont généralement perçus comme plus attrayants.

b. Les signes de santé : l'apparence physique peut révéler des signes de santé ou de maladie. Par exemple, une peau claire et un teint sain peuvent indiquer une bonne santé, tandis que des cernes sous les yeux peuvent signaler la fatigue ou le stress.

c. L'âge apparent : l'âge apparent d'une personne peut influencer la façon dont elle est perçue. Les personnes qui paraissent plus jeunes que leur âge réel peuvent être perçues comme plus dynamiques, tandis que celles qui paraissent plus âgées peuvent être perçues comme plus expérimentées.

2. La tenue vestimentaire

La tenue vestimentaire est un moyen puissant d'exprimer l'identité, le style personnel et le statut social. Les choix vestimentaires peuvent varier considérablement d'une personne à l'autre et peuvent fournir des indices importants. Voici quelques éléments à prendre en compte :

a. Le style vestimentaire : le style vestimentaire d'une personne peut révéler ses goûts personnels, ses intérêts et son attitude envers la mode. Par exemple, quelqu'un qui porte des vêtements vintage peut avoir un intérêt pour la nostalgie, tandis que quelqu'un qui suit les dernières tendances peut avoir un intérêt pour la mode contemporaine.

b. Les couleurs et les motifs : les couleurs et les motifs des vêtements peuvent également transmettre des informations. Les couleurs vives peuvent indiquer de la confiance et de l'optimisme, tandis que les couleurs sombres peuvent signaler de la réserve ou de la formalité. Les motifs, tels que les rayures ou les motifs floraux, peuvent également avoir des connotations spécifiques.

c. Le niveau de formalité : le degré de formalité de la tenue vestimentaire peut indiquer le contexte de l'occasion. Par exemple, une tenue formelle avec une cravate et un costume peut être appropriée pour une réunion d'affaires, tandis qu'une tenue décontractée avec des jeans et un t-shirt peut être plus adaptée à une sortie entre amis.

2. L'hygiène personnelle

L'hygiène personnelle, y compris la propreté et la fraîcheur, est un aspect important de l'apparence. Une personne bien entretenue est souvent perçue comme respectueuse d'elle-même et des autres. L'hygiène personnelle peut également révéler des informations sur le niveau de soin et d'attention d'une personne envers elle-même.

3. L'impact de l'apparence et de la tenue vestimentaire sur la perception

L'apparence et la tenue vestimentaire ont un impact significatif sur la manière dont nous percevons les autres. Une personne qui s'habille de manière élégante et soignée peut-être perçue comme professionnelle et compétente, tandis qu'une personne dont la tenue est négligée peut être perçue comme désinvolte ou peu fiable.

4. La congruence entre l'apparence et le comportement

Lors de l'analyse des gens, il est important de tenir compte de la congruence entre l'apparence et le comportement. Si l'apparence d'une personne est en accord avec son comportement, cela renforce généralement la crédibilité de cette personne. L'incongruence entre l'apparence et le comportement peut soulever des questions sur l'authenticité.

5. Application pratique

Lorsque vous analysez les gens, tenez compte de leur apparence et de leur tenue vestimentaire comme faisant partie intégrante de la première impression. Gardez à l'esprit que l'apparence n'est qu'un aspect de la personne dans son ensemble, mais elle peut fournir des informations utiles pour comprendre ses préférences, sa personnalité et son style de vie. Cependant, évitez les jugements hâtifs et prenez en compte d'autres éléments de l'analyse comportementale pour une compréhension plus approfondie.

Chapitre 6

L'analyse de l'environnement social

L'environnement social dans lequel une personne évolue joue un rôle essentiel dans la compréhension de son comportement et de sa personnalité. Les interactions avec les autres, les relations interpersonnelles et les contextes sociaux peuvent révéler des informations importantes sur les motivations, les valeurs et les attitudes d'une personne. Nous allons voir en profondeur l'analyse de l'environnement social et son impact sur la compréhension des gens.

1. Les interactions sociales

Les interactions sociales d'une personne sont un élément clé de son environnement social. Observer comment une personne interagit avec les autres peut fournir des indices sur sa personnalité et ses compétences sociales.

Voici quelques points clés à considérer :

a. Les relations interpersonnelles : les relations qu'une personne entretient avec les autres peuvent révéler des informations sur son niveau de confiance, sa capacité à établir des liens et son engagement envers les autres. Par exemple, une personne qui entretient des relations étroites avec de nombreux amis peut être perçue comme sociable et amicale.

b. Les interactions en groupe : observer comment une personne se comporte dans un groupe social peut donner des indications sur sa dynamique sociale. Certaines personnes sont plus à l'aise en groupe, tandis que d'autres préfèrent des interactions individuelles.

c. Les compétences de communication : les compétences de communication, telles que l'écoute active, l'empathie et la capacité à résoudre les conflits, sont importantes dans les interactions sociales. Les personnes qui excellent dans ces compétences peuvent être perçues comme de bons communicateurs et des facilitateurs de relations positives.

2. Les contextes sociaux

Les contextes sociaux dans lesquels une personne évolue peuvent également fournir des informations précieuses. Le lieu de travail, les cercles d'amis, les activités de loisirs et les groupes sociaux peuvent tous influencer le comportement d'une personne.

Voici quelques éléments à prendre en compte :

a. Le lieu de travail : le lieu de travail peut être un environnement social complexe où les compétences professionnelles, les relations avec les collègues et la dynamique hiérarchique sont en jeu. Observer comment une personne se comporte au travail peut révéler des informations sur son engagement professionnel et ses valeurs.

b. Les cercles d'amis : les amis et les relations personnelles jouent un rôle important dans la vie d'une personne. Les activités sociales, les intérêts communs et les valeurs partagées au sein des cercles d'amis peuvent influencer le comportement et les priorités.

c. Les groupes sociaux : les groupes sociaux auxquels une personne appartient, tels que des clubs, des associations ou des organisations, peuvent influencer sa perception du monde et ses objectifs. Les affiliations à des groupes sociaux peuvent révéler des informations sur les passions et les intérêts d'une personne.

3. Les événements sociaux

Les événements sociaux, tels que les fêtes, les réunions familiales, les mariages et les célébrations, offrent des occasions uniques d'observer le comportement d'une personne dans des contextes sociaux spécifiques. Ces événements peuvent révéler des informations sur les préférences sociales et les interactions interpersonnelles.

4. La congruence dans l'environnement social

Lors de l'analyse de l'environnement social d'une personne, il est important de rechercher des signes de congruence ou d'incongruence. Si une personne agit de manière cohérente dans différents contextes sociaux, cela renforce généralement la crédibilité de son comportement. L'incongruence peut indiquer une dissimulation ou une incohérence dans le comportement.

5. Application pratique

L'analyse de l'environnement social est un élément clé pour comprendre les gens dans leur contexte. En observant les interactions sociales, les relations interpersonnelles, les contextes sociaux et les événements sociaux, vous pouvez obtenir des informations précieuses sur les motivations, les valeurs et les attitudes d'une personne. Cela peut vous aider à établir des relations plus profondes et à mieux comprendre le comportement humain dans des contextes sociaux variés.

Partie 2

Techniques d'analyse comportementale

Chapitre 7

L'art de poser des questions pertinentes

Poser des questions pertinentes est une compétence essentielle dans l'analyse des gens. Les questions bien formulées peuvent vous aider à obtenir des informations précieuses, à approfondir votre compréhension et à établir des relations plus significatives. Nous allons voir en profondeur l'importance de poser des questions pertinentes et comment le faire de manière efficace.

1. Le pouvoir des questions

Les questions sont un outil puissant pour obtenir des informations et encourager la réflexion.

Voici quelques-uns des avantages de poser des questions :

a. Obtenir des informations : les questions vous permettent de recueillir des données et des détails importants. Elles sont essentielles pour recueillir des informations sur les pensées, les émotions, les motivations et les expériences des autres.

b. Encourager la réflexion : les questions poussent les gens à réfléchir et à approfondir leur réflexion. Elles peuvent aider à clarifier les idées, à explorer des sujets en profondeur et à découvrir des perspectives nouvelles.

c. Établir des liens : poser des questions montre un intérêt pour les autres et peut renforcer les relations interpersonnelles. Les gens se sentent valorisés et écoutés lorsqu'ils sont interrogés de manière respectueuse et attentive.

2. Les types de questions

Il existe plusieurs types de questions que vous pouvez utiliser en fonction de vos objectifs.

Voici quelques-uns des types de questions les plus courants :

a. Les questions ouvertes : les questions ouvertes sont conçues pour encourager des réponses détaillées et réfléchies. Elles commencent généralement par des mots tels que "qui", "quoi", "quand", "où", "comment" et "pourquoi". Par exemple, "Comment vous sentez-vous à ce sujet ?"

b. Les questions fermées : les questions fermées sont conçues pour obtenir des réponses courtes et spécifiques, généralement par "oui" ou "non" ou en fournissant des choix limités. Par exemple, "Avez-vous déjà voyagé à l'étranger ?"

c. Les questions de suivi : les questions de suivi sont posées pour approfondir une réponse précédente. Elles sont souvent utilisées après une réponse à une question ouverte pour obtenir plus de détails. Par exemple, "Pouvez-vous me donner un exemple concret ?".

3. L'art de poser des questions pertinentes

Poser des questions pertinentes nécessite une réflexion et une planification. Voici quelques principes à garder à l'esprit :

a. Soyez attentif : écoutez attentivement ce que l'autre personne dit avant de poser des questions. Comprenez le contexte et les informations déjà fournies pour poser des questions pertinentes.

b. Soyez spécifique : posez des questions précises pour obtenir des réponses spécifiques. Évitez les questions vagues qui pourraient entraîner des réponses ambiguës.

c. Encouragez l'ouverture : utilisez des questions ouvertes pour encourager les gens à s'exprimer librement et à partager leurs pensées et leurs sentiments.

d. Évitez les questions suggestives : évitez de poser des questions qui suggèrent déjà une réponse. Les questions suggestives peuvent influencer les réponses et ne sont pas idéales pour une analyse objective.

e. Soyez respectueux : posez des questions de manière respectueuse et non intrusive. Évitez les questions trop personnelles ou intrusives, sauf si la personne se sent à l'aise pour y répondre.

4. Application pratique

L'art de poser des questions pertinentes est une compétence qui s'améliore avec la pratique. Que ce soit dans des entretiens professionnels, des conversations sociales ou des enquêtes, poser des questions de manière réfléchie peut vous aider à obtenir des informations précieuses et à mieux comprendre les autres.

Chapitre 8

L'observation discrète : comment rester imperceptible ?

L'observation discrète est une compétence essentielle pour analyser les gens sans perturber leur comportement naturel. Elle vous permet de recueillir des informations précieuses tout en évitant d'éveiller les soupçons. Nous allons voir en profondeur l'art de l'observation discrète et comment rester imperceptible tout en recueillant des informations cruciales.

1. L'importance de l'observation discrète

L'observation discrète est essentielle pour obtenir des informations authentiques sur le comportement des gens. Lorsque les individus se sentent observés ou épiés, ils sont susceptibles de modifier leur comportement de manière consciente ou inconsciente. Par conséquent, pour une analyse précise, il est crucial de rester imperceptible.

2. Les techniques d'observation discrète

Voici quelques techniques clés pour observer discrètement les gens :

a. Évitez le contact visuel direct : le contact visuel direct peut faire sentir à quelqu'un qu'il est observé. Pour éviter cela, regardez légèrement à côté de la personne que vous observez, en utilisant votre vision périphérique pour recueillir des informations.

b. Utilisez des objets ou des activités comme couverture : lorsque vous observez quelqu'un, engagez-vous dans une activité ou utilisez un objet (comme un livre ou un journal) pour masquer votre intention d'observation.

c. Soyez conscient de votre posture : évitez de vous tenir de manière rigide ou de fixer intensément la personne que vous observez. Adoptez une posture détendue et naturelle pour passer inaperçu.

d. Écoutez activement : l'observation discrète ne se limite pas à la vision. Écoutez attentivement les conversations et les interactions pour recueillir des informations supplémentaires.

e. Utilisez des conversations indirectes : engagez des conversations indirectes avec les personnes que vous observez pour recueillir des informations de manière subtile. Posez des questions sur des sujets connexes pour obtenir des indices.

3. Les pièges à éviter

Lorsque vous pratiquez l'observation discrète, il y a plusieurs pièges à éviter :

a. Le comportement intrusif : évitez de devenir intrusif dans votre observation. Respectez toujours l'espace personnel et la vie privée des autres.

b. Les jugements hâtifs : n'extrapolez pas trop rapidement des conclusions à partir de ce que vous observez. Gardez à l'esprit que le comportement peut être interprété de différentes manières.

c. L'interprétation biaisée : soyez conscient de vos propres biais et préjugés qui pourraient influencer votre interprétation de ce que vous observez. Essayez d'adopter une perspective objective.

4. Application pratique

L'observation discrète, et respectueuse de la vie privée, est une compétence qui peut être utile dans de nombreuses situations, que ce soit dans le cadre professionnel, social ou personnel. Que vous soyez un enquêteur, un manager, un psychologue ou simplement quelqu'un qui souhaite mieux comprendre les autres, l'observation discrète peut vous aider à obtenir des informations précieuses tout en préservant la spontanéité du comportement humain.

Chapitre 9

La psychologie des gestes et des mouvements

Les gestes et les mouvements corporels sont des éléments essentiels de la communication non verbale. Ils peuvent révéler des informations importantes sur les émotions, les intentions et la personnalité d'une personne. Nous allons voir en profondeur la psychologie des gestes et des mouvements, en mettant en lumière leur signification et leur utilisation dans l'analyse des gens.

1. Les gestes et leur signification

Les gestes corporels sont des mouvements involontaires ou délibérés des bras, des mains, du visage et d'autres parties du corps. Voici quelques exemples de gestes courants et leur signification potentielle :

a. Les gestes de la main

- Poignée de main ferme : indique la confiance en soi et l'assurance.
- Croisement des bras : peut signaler la défense, la réticence ou le désaccord.

- Mouvement de la main vers la bouche : indique souvent la réflexion ou la retenue.

b. Les gestes faciaux

- Sourire authentique : signe de bienveillance, de joie ou de satisfaction.
- Froncement des sourcils : peut indiquer la confusion, l'irritation ou la préoccupation.
- Clignement des yeux fréquent : peut signaler la nervosité ou l'anxiété.

c. Les gestes du corps

- Relèvement des épaules : Indique souvent l'incertitude ou le désintérêt.
- Mouvements agités des jambes : Peut signaler de l'impatience ou de l'anxiété.
- Inclinaison du corps vers l'avant : Indique l'intérêt et l'engagement.

2. La congruence des gestes

Lors de l'analyse des gestes et des mouvements, il est important de rechercher la congruence, c'est-à-dire la correspondance entre les gestes et les paroles. Si les gestes d'une personne ne correspondent pas à ce qu'elle dit, cela peut indiquer de la dissimulation ou de la confusion. Par exemple, quelqu'un qui dit être heureux mais qui a un visage tendu et des gestes fermés peut ne pas être congruent dans ses émotions.

3. L'importance du contexte

Le contexte dans lequel les gestes et les mouvements sont observés est crucial pour leur interprétation.
Les mêmes gestes peuvent avoir des significations différentes en fonction de la situation. Par exemple, un
froncement de sourcils lors d'une discussion sérieuse
peut indiquer de la concentration, tandis que le même
geste lors d'une conversation légère peut signaler de
l'irritation.

4. L'analyse des gestes dans la vie quotidienne

L'analyse des gestes et des mouvements peut être
appliquée dans de nombreuses situations de la vie quotidienne. Que ce soit dans le cadre professionnel, social, ou personnel, comprendre la signification des
gestes peut vous aider à mieux interagir avec les autres
et à décoder leurs émotions et leurs intentions.

5. Application pratique

La psychologie des gestes et des mouvements est
une compétence qui peut être développée avec la pratique et l'observation attentive. Lorsque vous interagissez avec les autres, soyez attentif aux gestes et aux
mouvements corporels pour obtenir des indices sur ce
qu'ils pensent et ressentent. Gardez à l'esprit que l'interprétation des gestes doit toujours être faite avec prudence, en tenant compte du contexte et de la
congruence avec d'autres signaux verbaux et non verbaux.

Chapitre 10

L'analyse des expressions faciales

Les expressions faciales sont l'un des moyens les plus puissants pour comprendre les émotions et les intentions d'une personne. Notre visage réagit instinctivement à ce que nous ressentons, et ces réactions sont souvent visibles pour ceux qui savent les observer. Nous allons voir en profondeur l'art de l'analyse des expressions faciales, en mettant en lumière les émotions clés et leur signification.

1. Les émotions universelles

La recherche en psychologie a identifié un certain nombre d'émotions universelles, c'est-à-dire des émotions que toutes les cultures humaines reconnaissent et expriment de manière similaire. Parmi les émotions universelles, on trouve :

a. La joie : la joie se manifeste par un sourire authentique, des yeux pétillants et des rides aux coins des yeux (communément appelées "pattes d'oie").

b. La tristesse : la tristesse se caractérise par des sourcils froncés, des coins de la bouche vers le bas et des yeux légèrement fermés.

c. La colère : la colère se manifeste par des sourcils froncés plus prononcés, des yeux étroits et un visage tendu.

d. La peur : la peur se traduit par des yeux grands ouverts, des sourcils levés et des lèvres serrées.

e. Le dégoût : le dégoût se caractérise par une lèvre supérieure relevée, un nez froncé et des sourcils abaissés au milieu.

f. La surprise : la surprise se manifeste par des sourcils levés, des yeux écarquillés et une bouche légèrement ouverte.

2. L'importance de la micro-expression

Les micro-expressions sont de courtes expressions faciales involontaires qui durent une fraction de seconde. Elles peuvent révéler des émotions authentiques, même si la personne tente de les dissimuler. Les micro-expressions sont particulièrement utiles pour détecter la dissimulation ou l'hypocrisie.

3. La congruence des expressions

Lors de l'analyse des expressions faciales, il est important de rechercher la congruence, c'est-à-dire la correspondance entre les expressions faciales et les paroles. Si les expressions faciales ne correspondent pas aux mots prononcés, cela peut indiquer une discordance entre les émotions réelles et ce qui est exprimé verbalement.

4. L'impact du contexte

Le contexte dans lequel une expression faciale est observée est crucial pour son interprétation. Les mêmes expressions faciales peuvent avoir des significations différentes en fonction de la situation. Par exemple, un sourire peut indiquer la joie dans un contexte joyeux, mais il peut également être utilisé pour masquer la tristesse ou la gêne dans un contexte social.

5. L'analyse des expressions faciales dans la vie quotidienne

L'analyse des expressions faciales peut être appliquée dans de nombreuses situations de la vie quotidienne, que ce soit dans le cadre professionnel, social ou personnel. Que vous souhaitiez comprendre les émotions de vos collègues, de vos amis ou de votre famille, l'observation des expressions faciales peut vous aider à mieux interagir avec les autres et à décoder leurs sentiments.

6. Application pratique

L'analyse des expressions faciales est une compétence qui peut être développée avec la pratique et l'observation attentive. Lorsque vous interagissez avec les autres, soyez attentif aux expressions faciales pour obtenir des indices sur ce qu'ils ressentent. Gardez à l'esprit que l'interprétation des expressions faciales doit toujours être faite avec prudence, en tenant compte du contexte et de la congruence avec d'autres signaux verbaux et non verbaux.

Chapitre 11

La lecture des émotions

La capacité à lire les émotions des autres est une compétence précieuse dans l'analyse des gens. Comprendre ce que les gens ressentent peut vous aider à établir des connexions plus profondes, à anticiper leurs besoins et à mieux interagir avec eux. Nous allons voir en profondeur l'art de la lecture des émotions, en mettant en lumière les signes et les techniques pour décoder les sentiments des autres.

1. Les signes émotionnels

Les émotions se manifestent à travers une variété de signes verbaux et non verbaux.

Voici quelques-uns des signes courants à surveiller :

a. Les signes verbaux

- Le choix des mots : les mots que quelqu'un utilise peuvent révéler ses émotions. Par exemple, des expressions telles que "Je me sens tellement heureux" ou "Je suis vraiment frustré" indiquent des émotions spécifiques.

- Le ton de voix : le ton de voix, y compris le volume, la vitesse et l'intonation, peut refléter les émotions. Une voix tremblante peut indiquer de l'anxiété, tandis qu'une voix calme peut indiquer de la confiance.

- Les pauses et les hésitations : mes pauses fréquentes ou les hésitations dans la parole peuvent signaler une réflexion émotionnelle.

b. Les signes non verbaux

- Les expressions faciales : Comme expliqué dans le chapitre précédent, les expressions faciales sont un indicateur puissant des émotions. Les sourires, les froncements de sourcils et les regards sont des signes courants.

- Le langage corporel : La posture, les gestes et les mouvements corporels peuvent révéler des émotions. Par exemple, une personne anxieuse peut se tapoter les doigts ou se balancer d'un pied à l'autre.

- Les signaux oculaires : Les yeux sont souvent appelés "les fenêtres de l'âme" car ils peuvent révéler beaucoup d'émotions. Un regard direct et soutenu peut indiquer la confiance, tandis qu'un évitement du regard peut signaler de la gêne ou de la nervosité.

2. Les techniques de lecture des émotions

Pour lire les émotions avec précision, voici quelques techniques à considérer :

a. L'observation attentive

Prenez le temps d'observer attentivement la personne que vous analysez. Soyez attentif aux signes verbaux et non verbaux, et cherchez des incohérences entre les mots et les actions.

b. L'empathie

Essayez de vous mettre à la place de la personne et de ressentir ce qu'elle pourrait ressentir. L'empathie peut vous aider à comprendre plus profondément ses émotions.

c. La communication ouverte

Encouragez la personne à s'exprimer sur ses émotions. Posez des questions ouvertes et montrez de l'intérêt pour ce qu'elle ressent.

3. L'impact du contexte

Lors de la lecture des émotions, il est essentiel de tenir compte du contexte. Les mêmes signes émotionnels peuvent avoir des significations différentes en fonction de la situation. Par exemple, des larmes peuvent indiquer de la tristesse, de la joie ou de la frustration, en fonction du contexte.

4. L'application pratique

La lecture des émotions est une compétence qui peut être développée avec la pratique et l'attention. Que ce soit dans le cadre professionnel, social ou personnel, comprendre les émotions des autres peut améliorer vos relations et votre capacité à communiquer efficacement. N'oubliez pas que la lecture des émotions doit être faite avec sensibilité et respect pour la vie privée des autres.

Partie 3

Analyse des relations interpersonnelles

Chapitre 12

Analyser les relations familiales

Les relations familiales jouent un rôle crucial dans la vie de chaque individu, et leur analyse peut fournir des informations précieuses sur la personnalité, les valeurs et les expériences d'une personne. Nous allons voir en profondeur l'art d'analyser les relations familiales, en mettant en lumière les aspects clés à considérer et les techniques pour décoder les dynamiques familiales.

1. L'importance des relations familiales

Les relations familiales ont un impact profond sur le développement et la vie d'une personne. Elles influencent les croyances, les comportements et les attentes d'un individu. Comprendre ces relations peut fournir un aperçu important de la vie d'une personne.

2. Les types de relations familiales

Il existe de nombreux types de relations familiales, notamment :

a. Les relations parent-enfant : l'analyse de la relation entre un individu et ses parents peut révéler des informations sur son enfance, ses valeurs familiales et
son niveau de soutien émotionnel.

b. Les relations entre frères et sœurs : les relations
entre frères et sœurs peuvent varier considérablement et
peuvent refléter des rivalités, des alliances, des responsabilités et des liens émotionnels.

c. Les relations avec les grands-parents : les relations avec les grands-parents peuvent fournir un aperçu
des traditions familiales, des histoires et des influences
générationnelles.

d. Les relations conjugales : l'analyse de la relation
entre un individu et son conjoint ou partenaire peut révéler des informations sur la dynamique du couple, les
valeurs partagées et les défis potentiels.

**3. Les techniques d'analyse des relations fami-
liales**

Pour analyser les relations familiales avec précision,
voici quelques techniques à considérer :

a. L'observation des interactions : observez les interactions entre la personne et ses membres de famille
lorsqu'ils sont ensemble. Notez les dynamiques, les
émotions exprimées et les rôles joués.

b. Les entretiens familiaux : lorsque cela est pos-
sible, menez des entretiens familiaux pour recueillir des

informations sur les relations, les expériences partagées et les conflits potentiels.

c. L'analyse des histoires familiales : demandez à la personne de partager des histoires familiales significatives. Les récits peuvent révéler des valeurs, des traditions et des expériences clés.

4. L'impact du contexte

Lors de l'analyse des relations familiales, il est essentiel de tenir compte du contexte culturel et social. Les normes familiales et les attentes peuvent varier considérablement d'une culture à l'autre, et il est important de les comprendre pour interpréter correctement les relations.

5. Application pratique

L'analyse des relations familiales peut être utile dans de nombreuses situations, que ce soit dans le cadre professionnel, social ou personnel. Que vous travailliez en tant que conseiller, psychologue, gestionnaire ou que vous souhaitiez simplement mieux comprendre vos proches, la compréhension des relations familiales peut améliorer vos interactions et vos relations interpersonnelles.

Chapitre 13

Comprendre les relations amoureuses

Les relations amoureuses occupent une place particulière dans la vie de nombreuses personnes. Elles sont souvent complexes, chargées d'émotions et peuvent révéler beaucoup sur la personnalité et les motivations d'un individu. Nous allons voir en profondeur l'art de comprendre les relations amoureuses, en mettant en lumière les aspects clés à considérer et les techniques pour décoder les dynamiques amoureuses.

1. L'importance des relations amoureuses

Les relations amoureuses jouent un rôle central dans la vie émotionnelle et sociale de nombreuses personnes. Elles peuvent avoir un impact significatif sur le bien-être émotionnel, la satisfaction personnelle et la prise de décision.

2. Les types de relations amoureuses

Il existe une grande variété de relations amoureuses, chacune avec ses propres caractéristiques. Parmi les types de relations amoureuses, on trouve :

a. Les relations amoureuses romantiques : ces relations impliquent généralement une forte attirance émotionnelle et physique entre deux personnes. Elles peuvent varier en intensité et en durée.

b. Les relations amoureuses platoniques : ces relations sont basées sur une profonde affection et un lien émotionnel fort, mais elles ne comportent pas nécessairement une composante romantique ou sexuelle.

c. Les relations amoureuses passionnelles : ces relations sont souvent caractérisées par une intense passion, mais elles peuvent être instables et tumultueuses.

d. Les relations amoureuses durables : ces relations sont axées sur la stabilité, la confiance et la construction d'un avenir commun. Elles visent souvent à l'engagement à long terme.

3. Les techniques d'analyse des relations amoureuses

Pour comprendre les relations amoureuses avec précision, voici quelques techniques à considérer :

a. L'observation des interactions : observez les interactions entre les partenaires, y compris leur langage corporel, leurs expressions faciales et leurs discussions. Notez les signes de compréhension, de soutien et de conflit.

b. Les entretiens individuels : menez des entretiens individuels avec chaque partenaire pour recueillir leurs perspectives sur la relation, leurs attentes et leurs émotions.

c. L'analyse des étapes de la relation : identifiez les différentes étapes de la relation, telles que la phase de séduction, la phase de consolidation et la phase de maintien. Comprenez comment les partenaires naviguent ces étapes.

4. L'impact du contexte

Lors de l'analyse des relations amoureuses, il est essentiel de tenir compte du contexte culturel, social et personnel. Les normes culturelles, les valeurs familiales et les expériences passées peuvent influencer la dynamique d'une relation.

5. Application pratique

La compréhension des relations amoureuses peut être utile dans de nombreuses situations, que ce soit dans le cadre professionnel, social ou personnel. Que vous travailliez en tant que conseiller, psychologue, ou que vous souhaitiez simplement mieux comprendre votre propre relation amoureuse, la connaissance des dynamiques amoureuses peut améliorer votre capacité à interagir de manière saine et épanouissante dans le domaine de l'amour.

Chapitre 14

L'analyse des relations professionnelles

Les relations professionnelles occupent une part importante de la vie de nombreuses personnes. Elles sont essentielles pour le succès en milieu de travail et peuvent influencer la carrière d'un individu. Nous allons voir en profondeur l'art de l'analyse des relations professionnelles, en mettant en lumière les aspects clés à considérer et les techniques pour décoder les dynamiques au travail.

1. L'importance des relations professionnelles

Les relations professionnelles sont cruciales pour la réussite en milieu de travail. Elles influencent la collaboration, la communication, la prise de décision et la satisfaction au travail. Comprendre ces relations peut avoir un impact significatif sur la carrière d'un individu.

2. Les types de relations professionnelles

Il existe divers types de relations professionnelles dans un environnement de travail, notamment :

a. Les relations entre collègues : ces relations impliquent des interactions entre des employés de niveau égal ou similaire. Elles peuvent varier de la camaraderie informelle à des collaborations professionnelles formelles.

b. Les relations avec les supérieurs hiérarchiques : les relations avec les supérieurs hiérarchiques sont importantes pour la gestion, la direction et l'avancement professionnel. Elles peuvent également influencer les opportunités de développement de carrière.

c. Les relations avec les subordonnés : les relations avec les subordonnés sont essentielles pour la gestion efficace d'une équipe ou d'un département. Elles nécessitent des compétences en leadership et en communication.

d. Les relations avec les partenaires commerciaux : dans un contexte professionnel, les relations avec les partenaires commerciaux, les clients et les fournisseurs peuvent avoir un impact significatif sur la réussite de l'entreprise.

3. Les techniques d'analyse des relations professionnelles

Pour analyser les relations professionnelles avec précision, voici quelques techniques à considérer :

a. L'observation des interactions : observez les interactions entre les individus au sein de l'entreprise, y compris leur langage corporel, leurs discussions et leur degré de coopération. Notez les signes de collaboration, de conflit ou de leadership.

b. Les entretiens individuels : menez des entretiens individuels avec les employés pour recueillir leurs perspectives sur les relations professionnelles, les défis potentiels et les opportunités de développement.

c. L'analyse des réseaux professionnels : examinez les réseaux professionnels au sein de l'entreprise pour comprendre comment les individus sont connectés et comment ces connexions influencent la collaboration et la communication.

4. L'impact du contexte

Lors de l'analyse des relations professionnelles, il est essentiel de tenir compte du contexte organisationnel et culturel. Les normes de l'entreprise, les politiques de gestion et la culture d'entreprise peuvent influencer la dynamique des relations professionnelles.

5. Application pratique

La compréhension des relations professionnelles peut être utile dans de nombreuses situations, que ce soit pour la gestion d'une équipe, le développement de carrière ou la création de partenariats commerciaux fructueux. La capacité à analyser et à gérer efficacement les relations professionnelles est un atout précieux dans le monde du travail.

Chapitre 15

Gérer les relations difficiles

Dans la vie, il est inévitable de rencontrer des personnes avec lesquelles les relations peuvent être difficiles. Que ce soit au travail, en famille, ou dans d'autres contextes, la capacité à gérer efficacement ces relations est une compétence précieuse. Nous allons voir les stratégies et les techniques pour gérer les relations difficiles de manière constructive.

1. Comprendre les relations difficiles

Avant de pouvoir gérer efficacement une relation difficile, il est essentiel de comprendre les raisons de sa difficulté. Les relations difficiles peuvent découler de divers facteurs, tels que des différences de personnalité, des conflits d'intérêts, des malentendus ou des traumatismes passés. Il est important de prendre le temps de réfléchir à ce qui rend la relation difficile et à quelles émotions ou pensées elle suscite en vous.

2. Stratégies de gestion des relations difficiles

Pour gérer les relations difficiles, voici quelques stratégies à considérer :

a. La communication ouverte et empathique : l'une des clés pour gérer les relations difficiles est une communication ouverte et empathique. Écoutez activement l'autre personne, essayez de comprendre son point de vue et exprimez vos propres sentiments et besoins de manière respectueuse.

b. La gestion des émotions : il est important de gérer vos propres émotions lorsque vous êtes en relation avec quelqu'un de difficile. Identifiez vos émotions, trouvez des moyens sains de les exprimer et évitez de réagir de manière impulsive ou agressive.

c. L'établissement de limites : dans certaines relations difficiles, il peut être nécessaire d'établir des limites claires pour protéger votre bien-être émotionnel. Les limites définissent ce que vous êtes prêt à accepter et à ne pas accepter dans la relation.

d. La recherche de solutions : collaborez avec l'autre personne pour trouver des solutions aux problèmes qui causent des tensions dans la relation. Adoptez une approche orientée vers la résolution de problèmes plutôt que la confrontation.

e. La médiation : dans certaines situations, il peut être utile de faire appel à un médiateur neutre pour faciliter la communication et la résolution des conflits. Un médiateur peut aider à maintenir un environnement sûr et respectueux.

3. Gérer les relations difficiles au travail

La gestion des relations difficiles au travail peut être particulièrement délicate, car elle peut avoir un impact sur la productivité, la satisfaction au travail et la dynamique de l'équipe.

Voici quelques conseils spécifiques pour gérer les relations difficiles au travail :

a. Faire preuve de professionnalisme : maintenez un comportement professionnel, même en cas de tensions. Évitez les confrontations publiques et privilégiez la résolution des problèmes en privé.

b. Utiliser la chaîne de commandement : si les tensions au travail persistent, utilisez la chaîne de commandement pour signaler les problèmes à la direction ou aux ressources humaines. Il est important de suivre les procédures de l'entreprise en matière de résolution de conflits.

c. Chercher un soutien externe : en cas de difficultés persistantes, envisagez de consulter un conseiller ou un coach professionnel pour vous aider à gérer la situation et à développer des compétences en gestion des conflits.

4. Gérer les relations difficiles dans la vie personnelle

Les relations difficiles dans la vie personnelle peuvent être tout aussi stressantes que celles au travail. Voici quelques conseils pour gérer les relations difficiles dans la vie personnelle :

a. Pratiquer la patience : la patience est souvent nécessaire lorsque vous traitez avec des relations difficiles dans la vie personnelle. Les changements peuvent prendre du temps, et il est important de rester patient et persévérant.

b. Chercher un soutien : n'hésitez pas à chercher le soutien d'amis, de membres de la famille ou d'un conseiller. Parler à quelqu'un en qui vous avez confiance peut vous aider à obtenir des conseils et à exprimer vos émotions.

c. Prendre soin de soi : gérer des relations difficiles peut être épuisant sur le plan émotionnel. Assurez-vous de prendre du temps pour vous-même, de pratiquer l'auto-soin et de maintenir un équilibre entre votre bien-être et vos engagements.

5. L'importance de l'auto-réflexion

L'auto-réflexion est une composante clé de la gestion des relations difficiles. Prenez le temps de réfléchir à votre propre rôle dans la relation, à vos réactions émotionnelles et à vos besoins. L'auto-réflexion peut vous aider à développer des compétences en gestion

des relations et à améliorer vos interactions avec les
autres.

73

Partie 4

L'analyse des comportements spécifiques

Chapitre 16

L'analyse des menteurs et des trompeurs

La capacité à détecter les mensonges et les tromperies est une compétence précieuse dans de nombreuses situations, que ce soit dans le domaine professionnel, personnel ou même pour des raisons de sécurité. Nous allons voir en profondeur l'art de l'analyse des menteurs et des trompeurs, en mettant en lumière les signes à surveiller, les techniques pour détecter les mensonges et les considérations éthiques.

1. Les motivations derrière le mensonge

Avant de pouvoir analyser les menteurs, il est essentiel de comprendre les motivations qui les poussent à mentir. Les mensonges peuvent découler de diverses raisons, notamment la protection de soi, l'évitement des conséquences, la préservation de l'image, la manipulation ou la dissimulation d'informations. En comprenant les motivations potentielles, vous pouvez mieux cerner les mensonges.

2. Les signes de mensonge

La détection des mensonges repose sur l'observation de signes et de comportements qui peuvent indiquer la tromperie.

Voici quelques signes courants à surveiller :

a. Les signes verbaux

- Incohérences dans le récit : le récit d'un menteur peut contenir des incohérences ou des contradictions, car il tente de maintenir sa version des faits.

- Évitement de questions directes : les menteurs ont tendance à éviter de répondre directement aux questions, en détournant la conversation ou en fournissant des réponses vagues.

- L'utilisation de termes vagues : les menteurs peuvent utiliser des termes vagues pour éviter de s'engager dans des détails spécifiques.

b. Les signes non verbaux

- Comportement anxieux : les menteurs peuvent montrer des signes d'anxiété, tels que des mouvements nerveux, des tremblements ou des sueurs.

- Évitement du contact visuel : certaines personnes évitent le contact visuel lorsqu'elles mentent, car le contact visuel peut trahir leur nervosité.

- Micro-expressions : Ces expressions faciales subtiles, qui durent moins d'une seconde, peuvent révéler des émotions authentiques qui contredisent le mensonge.

3. Les techniques de détection des mensonges

Pour analyser les menteurs et détecter les mensonges, voici quelques techniques à considérer :

a. L'observation attentive : prenez le temps d'observer attentivement la personne lorsque vous suspectez un mensonge. Notez les signes verbaux et non verbaux qui pourraient indiquer une tromperie.

b. Posez des questions ouvertes : posez des questions ouvertes qui encouragent la personne à s'exprimer davantage. Les menteurs ont plus de mal à maintenir un mensonge lorsqu'ils doivent fournir des détails.

c. Utilisez la technique de l'écart : comparez les réponses d'une personne avec ce que vous savez être vrai ou avec d'autres informations que vous avez recueillies. Les incohérences peuvent révéler un mensonge.

d. Soyez conscient du contexte : tenez compte du contexte dans lequel se déroule la conversation. Parfois, les comportements qui semblent être des signes de mensonge peuvent être dus à d'autres facteurs, tels que le stress ou la nervosité.

4. Considérations éthiques

L'analyse des menteurs et des trompeurs doit être utilisée avec prudence et éthique. Il est important de ne pas sauter à des conclusions hâtives ou d'accuser injustement quelqu'un de mensonge sans preuve solide. La détection des mensonges doit être utilisée de manière responsable et respectueuse.

5. Application pratique

La capacité à analyser les menteurs et les trompeurs peut être utile dans de nombreuses situations, que ce soit pour évaluer la crédibilité des témoins, détecter la fraude, ou simplement pour mieux comprendre les motivations des autres. Cependant, il est important de se rappeler que la détection des mensonges est une compétence complexe qui nécessite de la pratique et de la sensibilité.

Chapitre 17

Identifier la manipulation

La manipulation est un comportement subtil mais puissant qui peut avoir un impact significatif sur les relations interpersonnelles, la prise de décision et le bien-être émotionnel. Nous allons voir en profondeur l'art d'identifier la manipulation, en mettant en lumière les signes à surveiller, les techniques pour reconnaître la manipulation et les stratégies pour s'en prémunir.

1. Comprendre la manipulation

Avant de pouvoir identifier la manipulation, il est essentiel de comprendre ce qu'elle implique. La manipulation est un comportement intentionnel visant à influencer ou à contrôler les autres d'une manière qui n'est pas toujours évidente. Elle peut prendre de nombreuses formes, de la flatterie excessive à la culpabilisation, en passant par la tromperie et la victimisation.

2. Les signes de manipulation

La manipulation peut être difficile à détecter, car les manipulateurs sont souvent habiles à dissimuler leurs intentions.

Voici quelques signes courants à surveiller :

a. La flatterie excessive : les manipulateurs peuvent utiliser la flatterie excessive pour gagner la confiance et l'approbation des autres.

b. La culpabilisation : les manipulateurs peuvent faire sentir aux autres qu'ils sont responsables de leurs problèmes ou de leurs émotions négatives.

c. La victimisation : certains manipulateurs se présentent comme des victimes pour susciter de la sympathie et obtenir de l'aide ou des faveurs.

d. Le changement constant de sujet : les manipulateurs peuvent éviter de discuter de sujets inconfortables en changeant constamment de sujet ou en détournant l'attention.

e. Les promesses non tenues : les manipulateurs peuvent faire des promesses qu'ils n'ont pas l'intention de tenir pour obtenir ce qu'ils veulent.

f. La dévalorisation : les manipulateurs peuvent dévaloriser les autres pour les affaiblir et les rendre plus vulnérables à leur influence.

3. Techniques pour identifier la manipulation

Pour identifier la manipulation, voici quelques techniques à considérer :

a. Soyez conscient des signes : la première étape pour identifier la manipulation est d'être conscient des signes potentiels. Prenez le temps d'observer les comportements des autres et de réfléchir à leurs intentions.

b. Posez des questions : posez des questions ouvertes pour encourager la personne à s'exprimer davantage. Les manipulateurs ont parfois du mal à maintenir leur façade lorsqu'ils doivent expliquer leurs intentions.

c. Faites confiance à votre instinct : si quelque chose vous semble suspect ou peu fiable, faites confiance à votre instinct. Votre intuition peut souvent vous alerter sur la manipulation.

d. Demandez l'avis d'autres personnes : si vous avez des doutes sur la manipulation, n'hésitez pas à demander l'avis d'amis, de collègues ou de membres de la famille. Leurs perspectives peuvent être précieuses.

4. Stratégies pour se prémunir contre la manipulation

Pour se prémunir contre la manipulation, voici quelques stratégies à considérer :

a. Établissez des limites claires : définissez des limites claires pour ce que vous êtes prêt à accepter et à ne pas accepter dans une relation. Stick à vos limites, même en cas de pression.

b. Communiquez de manière assertive : apprenez à communiquer de manière assertive en exprimant vos besoins, vos opinions et vos limites de manière respectueuse mais ferme.

c. Faites preuve de discernement : soyez discernant dans vos relations et prenez le temps de connaître les personnes avant de leur accorder votre confiance.

d. Éduquez-vous sur la manipulation : familiarisez-vous avec les techniques de manipulation courantes pour être mieux préparé à les identifier.

5. Considérations éthiques

Lorsque vous identifiez la manipulation, il est important de traiter la situation avec tact et éthique. Ne pas réagir de manière abusive ou punitive envers le manipulateur. Au lieu de cela, considérez la possibilité de mettre fin à la relation ou de demander de l'aide si nécessaire.

6. Application pratique

La capacité à identifier la manipulation est une compétence précieuse qui peut améliorer la qualité de vos relations interpersonnelles et vous protéger contre l'influence néfaste. En étant conscient des signes de manipulation, en utilisant des techniques pour l'identifier et en adoptant des stratégies pour vous prémunir contre elle, vous pouvez renforcer votre capacité à prendre des décisions éclairées et à maintenir des relations saines.

Chapitre 18

L'analyse des personnalités toxiques

Les personnalités toxiques peuvent avoir un impact destructeur sur la vie de ceux qui les entourent. Identifier et comprendre ces personnalités est essentiel pour se protéger, maintenir des relations saines et éviter des conséquences néfastes. Nous allons voir en profondeur l'art de l'analyse des personnalités toxiques, en mettant en lumière les signes à surveiller, les types courants de personnalités toxiques et les stratégies pour gérer ces relations.

1. Comprendre les personnalités toxiques

Avant de pouvoir analyser les personnalités toxiques, il est essentiel de comprendre ce que cela signifie. Les personnalités toxiques sont des individus qui ont un comportement chroniquement négatif, destructeur ou nuisible pour eux-mêmes et pour les autres. Ces personnalités peuvent se manifester de différentes manières, mais elles partagent souvent des traits et des comportements destructeurs.

2. Les signes des personnalités toxiques

Identifier les personnalités toxiques repose sur la reconnaissance des signes et des comportements qui les caractérisent.

Voici quelques signes courants à surveiller :

a. La manipulation : les personnalités toxiques sont souvent habiles à manipuler les autres pour obtenir ce qu'elles veulent. Elles peuvent utiliser la culpabilisation, la flatterie excessive, le chantage émotionnel ou d'autres tactiques de manipulation.

b. La critique constante : les personnalités toxiques ont tendance à critiquer et à dévaloriser les autres de manière constante. Elles peuvent créer un environnement toxique en faisant constamment des commentaires négatifs.

c. L'égocentrisme : les personnalités toxiques ont généralement une vision très centrée sur elles-mêmes et leurs besoins. Elles peuvent manquer d'empathie envers les autres.

d. La victimisation : certains individus toxiques se présentent constamment comme des victimes, cherchant de la sympathie et de l'attention, même si leur comportement est nuisible.

e. Les conflits fréquents : les personnalités toxiques sont souvent sources de conflits fréquents et de tensions dans les relations. Elles peuvent être provocatrices et chercher délibérément la confrontation.

f. Les cycles de comportement : certaines personnalités toxiques alternent entre des périodes de comportement charmant et des périodes de comportement destructeur, ce qui peut rendre difficile leur identification.

3. Types courants de personnalités toxiques

Il existe plusieurs types courants de personnalités toxiques, chacun avec ses propres traits et comportements caractéristiques.

Parmi les types courants, on trouve :

a. Le narcissique : le narcissique a une estime de soi démesurée, cherche constamment l'admiration des autres et peut manquer d'empathie envers les sentiments et les besoins des autres.

b. Le manipulateur : le manipulateur utilise des tactiques de manipulation pour contrôler les autres et obtenir ce qu'il veut. Il peut être habile à mentir, à flatter ou à exercer une pression émotionnelle.

c. Le critique constant : le critique constant est constamment critique envers les autres, les dévalorisant et les rabaissant. Il peut créer un environnement toxique de dénigrement constant.

d. Le martyr : le martyr se présente comme une victime constante, cherchant de la sympathie et de l'attention. Il peut utiliser sa victimisation pour manipuler les autres.

4. Stratégies pour gérer les personnalités toxiques

Gérer les personnalités toxiques peut être un défi, mais il existe des stratégies pour faire face à ces relations de manière constructive. Voici quelques stratégies à considérer :

a. Établissez des limites claires : définissez des limites claires pour ce que vous êtes prêt à accepter et à ne pas accepter dans une relation. Stick à vos limites, même en cas de pression.

b. Pratiquez la communication assertive : apprenez à communiquer de manière assertive en exprimant vos besoins, vos opinions et vos limites de manière respectueuse mais ferme.

c. Évitez l'engagement émotionnel : essayez de limiter votre engagement émotionnel dans la relation avec une personnalité toxique pour vous protéger.

d. Cherchez du soutien : parlez à des amis, à des membres de la famille ou à un conseiller pour obtenir du soutien et des conseils sur la gestion des relations toxiques.

5. Considérations éthiques

Lorsque vous gérez des personnalités toxiques, il est important de le faire de manière éthique et respectueuse. Évitez de répondre aux comportements toxiques par des comportements toxiques. Au lieu de cela, utilisez des stratégies pour vous protéger et maintenir des limites saines.

6. Application pratique

La capacité à analyser les personnalités toxiques et à gérer ces relations est essentielle pour préserver votre bien-être émotionnel, votre santé mentale et vos relations saines. En reconnaissant les signes des personnalités toxiques, en identifiant les types courants de personnalités toxiques et en utilisant des stratégies appropriées, vous pouvez protéger votre bien-être et maintenir des relations plus saines et plus équilibrées.

Chapitre 19

Analyse des leaders et des manipulateurs

Les leaders jouent un rôle essentiel dans de nombreuses sphères de la vie, que ce soit en politique, dans les affaires, ou même dans la vie quotidienne. Cependant, il existe une différence entre les leaders authentiques qui guident et inspirent, et les manipulateurs qui cherchent à contrôler et à exploiter les autres. Nous allons voir en profondeur l'art de l'analyse des leaders et des manipulateurs, en mettant en lumière les signes à surveiller, les caractéristiques des leaders authentiques et les tactiques des manipulateurs.

1. Comprendre les leaders et les manipulateurs

Avant de pouvoir analyser les leaders et les manipulateurs, il est essentiel de comprendre la distinction entre ces deux groupes. Les leaders authentiques sont des individus qui guident, inspirent et motivent les autres à atteindre des objectifs communs. Les manipulateurs, quant à eux, cherchent à contrôler, à exploiter et à tirer profit des autres pour leurs propres intérêts. Comprendre ces distinctions est essentiel pour évaluer le comportement des personnes en position d'autorité.

2. Les signes des leaders authentiques

Identifier les leaders authentiques repose sur la reconnaissance de certains signes et comportements qui les caractérisent.

Voici quelques signes courants à surveiller :

a. La vision partagée : les leaders authentiques ont une vision claire et inspirante qu'ils partagent avec leur équipe. Ils motivent les autres à travailler ensemble pour atteindre des objectifs communs.

b. L'empathie : les leaders authentiques sont empathiques envers les besoins, les préoccupations et les émotions de leur équipe. Ils sont accessibles et à l'écoute.

c. L'intégrité : les leaders authentiques agissent avec intégrité et honnêteté. Ils tiennent leurs promesses et sont des modèles de comportement éthique.

d. L'autonomisation : les leaders authentiques autonomisent leur équipe en leur donnant le pouvoir de prendre des décisions et de contribuer de manière significative.

3. Les tactiques des manipulateurs

Les manipulateurs utilisent diverses tactiques pour contrôler et exploiter les autres.

Voici quelques tactiques courantes à surveiller :

a. La manipulation émotionnelle : les manipulateurs utilisent souvent la manipulation émotionnelle pour susciter de la sympathie, de la culpabilité ou de la peur chez les autres.

b. Les mensonges et la tromperie : les manipulateurs peuvent mentir ou tromper pour obtenir ce qu'ils veulent. Ils peuvent cacher leurs véritables intentions derrière des déclarations fausses ou trompeuses.

c. La flatterie excessive : les manipulateurs utilisent parfois la flatterie excessive pour gagner la confiance et l'approbation des autres.

d. La domination : certains manipulateurs cherchent à dominer et à contrôler les autres en utilisant des tactiques d'intimidation ou de harcèlement.

4. Stratégies pour analyser les leaders et les manipulateurs

Pour analyser les leaders et les manipulateurs, voici quelques stratégies à considérer :

a. Observez leur comportement au fil du temps : prenez le temps d'observer le comportement d'une personne en position d'autorité sur une période prolongée pour repérer les tendances et les modèles.

b. Posez des questions : posez des questions ouvertes pour encourager la personne à s'exprimer davantage. Les manipulateurs ont souvent du mal à maintenir leur façade lorsqu'ils doivent expliquer leurs intentions.

c. Faites confiance à votre instinct : si quelque chose vous semble suspect ou peu fiable, faites confiance à votre instinct. Votre intuition peut souvent vous alerter sur les comportements manipulateurs.

d. Cherchez des preuves : si vous avez des doutes sur les intentions d'une personne en position d'autorité, cherchez des preuves pour étayer vos soupçons. Les preuves objectives peuvent aider à clarifier la situation.

5. Considérations éthiques

Lorsque vous analysez les leaders et les manipulateurs, il est important de le faire de manière éthique et respectueuse. Évitez de sauter à des conclusions hâtives ou d'accuser injustement quelqu'un de manipulation sans preuve solide. La prudence et la réflexion sont essentielles.

6. Application pratique

La capacité à analyser les leaders et les manipulateurs est essentielle pour naviguer efficacement dans les sphères de la vie où l'autorité et l'influence sont en jeu. En reconnaissant les signes des leaders authentiques, en identifiant les tactiques des manipulateurs et en utilisant des stratégies appropriées, vous pouvez prendre des décisions éclairées et maintenir des relations saines avec ceux qui détiennent le pouvoir.

Partie 5

Applications pratiques

Chapitre 20

Analyser les gens dans le contexte professionnel

L'analyse des gens dans le contexte professionnel revêt une importance particulière, car cela peut avoir un impact significatif sur votre carrière, vos relations de travail et votre succès dans le monde des affaires. Nous allons voir en profondeur l'art de l'analyse des gens dans le milieu professionnel, en mettant en lumière les compétences nécessaires, les situations courantes et les avantages de cette capacité.

1. Les compétences nécessaires pour analyser les gens au travail

L'analyse des gens au travail nécessite un ensemble spécifique de compétences. Voici quelques compétences essentielles pour analyser efficacement les individus dans un environnement professionnel :

a. L'observation attentive

La capacité à observer attentivement le comportement des collègues, des supérieurs et des collaborateurs est essentielle. Cela inclut la surveillance des comportements verbaux et non verbaux.

b. L'écoute active : l'écoute active vous permet de comprendre les motivations, les besoins et les préoccupations des autres. Cette compétence est cruciale pour décoder les messages cachés et pour établir des relations de travail efficaces.

c. La communication efficace : une communication claire et efficace est nécessaire pour poser des questions pertinentes, exprimer vos propres idées et établir des relations professionnelles solides.

d. La gestion des conflits : la capacité à gérer les conflits de manière constructive est essentielle dans un environnement professionnel. Cela comprend la résolution de conflits et la négociation.

e. La prise de décision éclairée : l'analyse des gens peut aider à prendre des décisions éclairées, que ce soit pour former des équipes, choisir des partenaires commerciaux ou évaluer des candidats à l'embauche.

2. Situations courantes où l'analyse des gens est essentielle

L'analyse des gens est utile dans de nombreuses situations professionnelles. Voici quelques exemples de situations courantes où cette compétence peut être essentielle :

a. Le recrutement et la sélection : lorsque vous recrutez de nouveaux collaborateurs, l'analyse des candidats peut vous aider à choisir ceux qui correspondent le mieux à la culture de l'entreprise et aux exigences du poste.

b. La gestion d'équipe : en tant que gestionnaire, l'analyse des membres de votre équipe peut vous aider à comprendre leurs forces et leurs faiblesses, à répartir efficacement les tâches et à motiver chaque membre.

c. Les négociations commerciales : dans les négociations commerciales, l'analyse des partenaires commerciaux potentiels peut vous aider à déterminer leur niveau de confiance, leurs motivations et leurs objectifs.

d. Les relations interpersonnelles : au sein de l'entreprise, la capacité à analyser les collègues et les supérieurs peut faciliter la communication, résoudre les conflits et renforcer les relations interpersonnelles.

3. Les avantages de l'analyse des gens dans le contexte professionnel

L'analyse des gens dans le milieu professionnel présente de nombreux avantages. Parmi les principaux avantages, on trouve :

a. Prise de décision éclairée : l'analyse des gens vous aide à prendre des décisions éclairées, que ce soit pour l'embauche, la gestion d'équipe ou la sélection de partenaires commerciaux.

b. Communication efficace : comprendre les motivations et les besoins des autres facilite la communication et la collaboration au sein de l'entreprise.

c. Résolution de conflits : la capacité à analyser les gens peut vous aider à gérer les conflits de manière constructive et à trouver des solutions qui bénéficient à toutes les parties concernées.

d. Leadership efficace : en tant que leader, l'analyse des membres de votre équipe vous permet de les guider de manière plus efficace, en tirant parti de leurs compétences et en les motivant.

4. Considérations éthiques

Lorsque vous analysez les gens dans le contexte professionnel, il est important de le faire de manière éthique et respectueuse. Évitez les jugements hâtifs et respectez la confidentialité des informations sensibles.

5. Application pratique

La capacité à analyser les gens dans le contexte professionnel est une compétence précieuse qui peut améliorer votre carrière, renforcer vos relations de travail et contribuer au succès de votre entreprise. En développant ces compétences et en les appliquant de manière éthique, vous pouvez devenir un professionnel plus compétent et un leader plus efficace.

Chapitre 21

Améliorer vos compétences en négociation grâce à l'analyse comportementale

La négociation est une compétence cruciale dans de nombreuses facettes de la vie, que ce soit dans le domaine professionnel ou personnel. Comprendre le comportement des personnes impliquées dans une négociation peut vous donner un avantage significatif. Nous allons voir comment améliorer vos compétences en négociation en utilisant l'analyse comportementale, en mettant en lumière les concepts clés, les techniques efficaces et les erreurs à éviter.

1. Comprendre l'importance de l'analyse comportementale en négociation

L'analyse comportementale en négociation consiste à examiner les comportements, les signaux verbaux et non verbaux, ainsi que les motivations des personnes impliquées. Cette compréhension peut vous aider à anticiper les mouvements de l'autre partie et à adapter votre approche de manière plus efficace.

Voici pourquoi l'analyse comportementale est essentielle en négociation :

a. Décrypter les intentions : l'analyse comportementale peut vous aider à décrypter les intentions de l'autre partie. Vous pouvez repérer les signes de coopération ou de résistance, ce qui vous permet d'ajuster votre stratégie de négociation en conséquence.

b. Améliorer la communication : comprendre le comportement de l'autre partie vous permet d'adapter votre style de communication pour être plus persuasif et influent.

c. Établir la confiance : lorsque vous êtes capable de lire les signaux comportementaux, vous pouvez montrer à l'autre partie que vous êtes attentif à ses besoins et préoccupations, ce qui contribue à établir la confiance.

2. Les concepts clés de l'analyse comportementale en négociation

Pour améliorer vos compétences en négociation grâce à l'analyse comportementale, il est essentiel de comprendre certains concepts clés :

a. La communication non verbale : la communication non verbale comprend les gestes, les expressions faciales, la posture et la tonalité de la voix. Ces signaux peuvent révéler des émotions et des intentions cachées.

b. L'empathie : l'empathie consiste à comprendre les émotions et les besoins de l'autre partie. En étant empathique, vous pouvez mieux répondre à ses préoccupations et établir une relation plus positive.

c. L'influence : l'analyse comportementale vous permet d'identifier les leviers d'influence sur l'autre partie. Vous pouvez ainsi ajuster votre approche pour maximiser votre impact.

3. Techniques efficaces d'analyse comportementale en négociation

Voici quelques techniques efficaces pour utiliser l'analyse comportementale en négociation :

a. L'observation attentive : observez les signaux non verbaux de l'autre partie, tels que les mouvements des mains, les expressions faciales et le langage corporel, pour déceler des indices sur son état émotionnel et ses intentions.

b. L'écoute active : écoutez attentivement ce que l'autre partie dit et posez des questions pour approfondir votre compréhension. Les mots qu'elle utilise peuvent révéler des informations importantes.

c. L'empathie : mettez-vous à la place de l'autre partie pour comprendre ses besoins et ses motivations. L'empathie peut vous aider à trouver des solutions mutuellement bénéfiques.

d. L'adaptation : en fonction de votre analyse comportementale, adaptez votre approche de négociation. Si vous percevez de la résistance, par exemple, adoptez une approche plus persuasive.

4. Erreurs à éviter en négociation comportementale

Lorsque vous utilisez l'analyse comportementale en négociation, évitez les erreurs courantes :

a. Les préjugés : évitez de sauter à des conclusions hâtives en fonction des comportements observés. Les gens peuvent avoir des raisons diverses pour agir de manière spécifique.

b. La manipulation : l'analyse comportementale ne doit pas être utilisée pour manipuler ou tromper l'autre partie. Restez éthique dans votre approche.

c. Le manque de flexibilité : ne vous en tenez pas rigidement à une seule approche en fonction de vos analyses comportementales. Soyez prêt à ajuster votre stratégie si nécessaire.

5. Application pratique

En améliorant vos compétences en négociation grâce à l'analyse comportementale, vous pouvez devenir un négociateur plus efficace et influent. La capacité à décrypter les signaux comportementaux, à comprendre les motivations et à adapter votre approche vous permettra de réaliser des négociations plus réussies, que ce soit dans le contexte professionnel ou personnel.

Chapitre 22

L'analyse comportementale dans la prise de décision

La prise de décision est une compétence cruciale dans tous les aspects de la vie, qu'il s'agisse de décisions personnelles, professionnelles ou stratégiques. Comprendre le comportement des individus impliqués dans le processus de prise de décision peut vous aider à prendre des décisions plus éclairées et efficaces. Nous allons voir comment l'analyse comportementale peut être un atout précieux dans la prise de décision, en mettant en lumière les concepts clés, les techniques et les avantages.

1. L'importance de l'analyse comportementale dans la prise de décision

L'analyse comportementale dans la prise de décision implique l'examen des comportements, des motivations et des réactions des parties prenantes impliquées dans le processus. Comprendre comment les individus réagissent aux différentes options et comment ils influencent les décisions peut contribuer à des choix plus éclairés.

Voici pourquoi l'analyse comportementale est essentielle dans la prise de décision :

a. Comprendre les motivations : l'analyse comportementale permet de décrypter les motivations des personnes impliquées dans la prise de décision. Comprendre ce qui les pousse à agir d'une certaine manière peut aider à anticiper leurs réactions et à trouver des solutions qui répondent à leurs besoins.

b. Prévoir les réactions : lorsque vous analysez le comportement des parties prenantes, vous pouvez mieux prévoir leurs réactions aux différentes options de décision. Cela vous permet d'anticiper les obstacles potentiels et de planifier en conséquence.

c. Favoriser la communication : comprendre le comportement des autres facilite la communication et la collaboration. Vous pouvez ajuster votre style de communication pour mieux répondre à leurs préoccupations et à leurs préférences.

2. Concepts clés de l'analyse comportementale dans la prise de décision

Pour utiliser l'analyse comportementale dans la prise de décision, il est important de comprendre certains concepts clés :

a. Les biais cognitifs : les biais cognitifs sont des tendances systématiques à penser de manière irrationnelle ou à prendre des décisions basées sur des préjugés. En reconnaissant ces biais, vous pouvez éviter de tomber dans des pièges de pensée.

b. Les signaux non verbaux : les signaux non verbaux, tels que la posture, les expressions faciales et les gestes, peuvent révéler des émotions et des intentions cachées. Les comprendre peut vous donner des informations précieuses.

c. L'intelligence émotionnelle : l'intelligence émotionnelle consiste à reconnaître, comprendre et gérer vos propres émotions, ainsi que celles des autres. Cela peut vous aider à prendre des décisions plus adaptées sur le plan émotionnel.

3. Techniques d'analyse comportementale pour la prise de décision

Voici quelques techniques efficaces pour utiliser l'analyse comportementale dans la prise de décision :

a. L'observation attentive : observez le comportement des parties prenantes lors des discussions sur la décision. Notez leurs réactions émotionnelles et leurs signaux non verbaux pour obtenir des indices sur leurs préférences.

b. La communication ouverte : encouragez une communication ouverte et transparente avec les parties prenantes. Posez des questions pour comprendre leurs motivations et leurs points de vue.

c. L'empathie : mettez-vous à la place des autres pour comprendre leurs besoins et leurs préoccupations. L'empathie peut vous aider à trouver des solutions qui tiennent compte de leurs intérêts.

4. Avantages de l'analyse comportementale dans la prise de décision

L'analyse comportementale dans la prise de décision offre de nombreux avantages :

a. Décisions plus éclairées : en comprenant mieux le comportement des parties prenantes, vous pouvez prendre des décisions plus éclairées et informées.

b. Réduction des conflits : la compréhension des motivations et des réactions des autres peut contribuer à réduire les conflits et à favoriser la coopération.

c. Meilleure communication : l'analyse comportementale améliore la communication en vous permettant d'adapter votre style pour mieux répondre aux besoins des autres.

5. Considérations éthiques

Lorsque vous utilisez l'analyse comportementale dans la prise de décision, il est essentiel de respecter l'éthique. Évitez de manipuler les autres ou de les tromper en utilisant ces techniques. La transparence et l'intégrité sont cruciales.

6. Application pratique

L'analyse comportementale dans la prise de décision peut devenir une compétence précieuse pour prendre des décisions plus éclairées et efficaces dans tous les aspects de la vie. En comprenant mieux le comportement des parties prenantes, en prévoyant leurs réactions et en favorisant une communication ouverte, vous pouvez améliorer votre capacité à prendre des décisions informées et à obtenir des résultats plus positifs.

Chapitre 23

Utiliser l'analyse comportementale pour améliorer vos relations

Les relations interpersonnelles jouent un rôle central dans notre vie, qu'il s'agisse de relations personnelles, professionnelles ou sociales. L'analyse comportementale peut être une compétence précieuse pour améliorer ces relations en comprenant mieux les autres et en adaptant votre propre comportement de manière appropriée. Nous allons voir comment utiliser l'analyse comportementale pour renforcer vos relations, en mettant en lumière les concepts clés, les techniques efficaces et les avantages.

1. L'importance de l'analyse comportementale dans les relations

L'analyse comportementale dans les relations implique la compréhension des comportements, des émotions et des motivations des personnes avec lesquelles vous interagissez. Cette compréhension peut contribuer à établir des relations plus positives et à résoudre les conflits de manière constructive. Voici pourquoi l'analyse comportementale est cruciale pour améliorer vos relations :

a. Comprendre les autres : l'analyse comportementale vous permet de comprendre les autres, y compris leurs motivations, leurs préoccupations et leurs émotions. Cela favorise une communication plus efficace.

b. Anticiper les besoins : en observant le comportement des autres, vous pouvez anticiper leurs besoins et leurs attentes, ce qui vous permet de répondre de manière proactive.

c. Résoudre les conflits : comprendre le comportement des personnes en conflit peut vous aider à trouver des solutions qui répondent aux besoins de toutes les parties impliquées.

2. Concepts clés de l'analyse comportementale dans les relations

Pour utiliser l'analyse comportementale dans vos relations, il est important de comprendre certains concepts clés :

a. L'intelligence émotionnelle : l'intelligence émotionnelle consiste à reconnaître, comprendre et gérer vos émotions, ainsi que celles des autres. Cela vous permet de gérer les situations émotionnellement chargées de manière constructive.

b. La communication non verbale : la communication non verbale englobe les gestes, les expressions faciales, la posture et la tonalité de la voix. Comprendre ces signaux peut vous aider à décoder les émotions et les intentions cachées.

c. L'empathie : l'empathie est la capacité à se mettre à la place des autres, à comprendre leurs perspectives et à ressentir ce qu'ils ressentent. Cela favorise la compréhension mutuelle.

3. Techniques efficaces d'analyse comportementale pour améliorer les relations

Voici quelques techniques efficaces pour utiliser l'analyse comportementale afin d'améliorer vos relations :

a. L'écoute active : pratiquez l'écoute active en écoutant attentivement ce que les autres disent, en posant des questions pour approfondir votre compréhension et en montrant de l'empathie.

b. L'observation attentive : observez le comportement des autres, y compris leur langage corporel, pour déceler des indices sur leurs émotions et leurs intentions.

c. La communication ouverte : favorisez une communication ouverte en encourageant les autres à s'exprimer librement et en exprimant vos propres pensées et émotions de manière honnête.

d. La résolution de conflits : lorsque des conflits surviennent, utilisez l'analyse comportementale pour comprendre les motivations de chaque partie et rechercher des solutions qui répondent à leurs besoins.

4. Avantages de l'analyse comportementale dans les relations

L'analyse comportementale dans les relations offre de nombreux avantages :

a. Relations plus positives : en comprenant mieux les autres, vous pouvez établir des relations plus positives et renforcer les liens.

b. Résolution de conflits : l'analyse comportementale facilite la résolution de conflits en identifiant les besoins et les préoccupations des parties impliquées.

c. Communication efficace : la compréhension du comportement des autres favorise une communication plus efficace, ce qui renforce la qualité de vos interactions.

5. Considérations éthiques

Lorsque vous utilisez l'analyse comportementale pour améliorer vos relations, il est essentiel de le faire de manière éthique et respectueuse. Évitez la manipulation ou la violation de la vie privée des autres.

6. Application pratique

L'analyse comportementale peut devenir un atout précieux pour améliorer vos relations dans tous les aspects de la vie. En développant votre intelligence émotionnelle, en pratiquant l'écoute active et en observant attentivement le comportement des autres, vous pouvez renforcer vos relations, résoudre les conflits de manière

constructive et favoriser une communication plus efficace.

Partie 6

Éthique et responsabilité

Chapitre 24

Les limites de l'analyse comportementale

L'analyse comportementale est une compétence précieuse qui peut aider à comprendre les autres, à anticiper leurs réactions et à améliorer les relations personnelles et professionnelles. Cependant, comme toute compétence, elle présente des limites et des défis. Nous allons voir les limites de l'analyse comportementale, en mettant en évidence les situations où elle peut être moins efficace et les considérations importantes à prendre en compte.

1. Les situations complexes

L'une des principales limites de l'analyse comportementale réside dans les situations complexes. Dans des contextes où de multiples facteurs interagissent pour influencer le comportement d'une personne, il peut être difficile de faire des prédictions précises. Par exemple, dans une négociation commerciale complexe, de nombreux éléments, tels que les enjeux financiers, les relations interpersonnelles et les facteurs émotionnels, peuvent influencer le comportement des parties prenantes. Dans de telles situations, l'analyse comportementale seule peut ne pas suffire à comprendre pleinement la dynamique en jeu.

2. Les variations culturelles

Les comportements et les normes sociales varient considérablement d'une culture à l'autre. Ce qui est considéré comme un comportement approprié dans une culture peut être perçu comme inapproprié dans une autre. Par conséquent, l'analyse comportementale doit être adaptée en fonction du contexte culturel. Les signaux non verbaux, tels que les gestes et les expressions faciales, peuvent être interprétés différemment selon la culture. Ignorer ces variations culturelles peut entraîner des malentendus et des conflits.

3. La dissimulation

Certaines personnes sont adeptes de la dissimulation, ce qui signifie qu'elles masquent délibérément leurs émotions et leurs intentions réelles. Cela peut rendre difficile l'analyse comportementale, car les signaux visibles peuvent être trompeurs. Les individus qui dissimulent peuvent être particulièrement habiles à paraître sincères tout en cachant leurs véritables motivations. Dans de telles situations, il est important d'être conscient de la possibilité de dissimulation et d'utiliser d'autres méthodes, telles que la recherche approfondie et l'observation à long terme, pour obtenir une image plus précise.

4. Les changements de comportement

Les individus ne sont pas statiques, et leur comportement peut évoluer avec le temps en réponse à divers facteurs. Une personne qui a été ouverte et coopérative dans le passé peut devenir plus réservée ou méfiante en raison d'une expérience traumatisante ou d'un changement de circonstances. Cela signifie que l'analyse comportementale doit être constamment mise à jour pour refléter les changements dans le comportement d'une personne.

5. La complexité émotionnelle

Les émotions humaines sont complexes et multifacettes. Une personne peut ressentir plusieurs émotions simultanément, ce qui peut rendre difficile la compréhension de son état émotionnel. De plus, les émotions peuvent être influencées par des facteurs personnels, tels que des souvenirs et des expériences passées, ce qui rend leur analyse comportementale plus complexe.

6. Les considérations éthiques

L'analyse comportementale doit être utilisée de manière éthique et respectueuse. L'observation intrusive ou l'analyse inappropriée peuvent violer la vie privée et créer des conflits. Il est essentiel de respecter les limites éthiques lors de l'utilisation de cette compétence.

7. La complémentarité avec d'autres compétences

Pour surmonter certaines des limites de l'analyse comportementale, il est utile de la compléter avec d'autres compétences, telles que la communication efficace, la résolution de conflits, et l'intelligence émotionnelle. Ces compétences peuvent aider à compenser les lacunes de l'analyse comportementale dans des situations complexes ou lorsque la dissimulation est un facteur.

Chapitre 25

Éviter les préjugés et les stéréotypes

Lorsque vous pratiquez l'analyse comportementale pour comprendre les gens, il est crucial de vous efforcer d'éviter les préjugés et les stéréotypes. Les préjugés et les stéréotypes sont des jugements préconçus et simplistes basés sur des caractéristiques telles que la race, le sexe, l'âge, la religion ou d'autres facteurs. Ils peuvent nuire à la précision de votre analyse comportementale et compromettre vos relations. Nous allons voir l'importance d'éviter les préjugés et les stéréotypes, en mettant en lumière les défis associés et en proposant des stratégies pour les surmonter.

1. Comprendre les préjugés et les stéréotypes

Les préjugés sont des attitudes négatives ou positives envers un groupe de personnes, tandis que les stéréotypes sont des croyances simplistes et généralisées sur les membres de ces groupes. Les préjugés et les stéréotypes sont souvent inconscients et peuvent influencer la façon dont nous percevons et interagissons avec les autres.

Voici pourquoi il est essentiel de les éviter dans l'analyse comportementale :

a. Biais dans l'observation : les préjugés et les stéréotypes peuvent biaiser votre observation en vous faisant remarquer uniquement les comportements qui confirment vos croyances préconçues. Vous pouvez ignorer des signaux comportementaux importants qui contredisent vos préjugés.

b. Erreurs d'interprétation : les préjugés peuvent entraîner des erreurs d'interprétation en vous poussant à attribuer des comportements à des caractéristiques de groupe plutôt qu'à des facteurs individuels. Cela peut conduire à des jugements inexacts.

c. Impact sur les relations : les préjugés et les stéréotypes peuvent affecter négativement vos relations en créant des tensions, des malentendus et des conflits. Ils peuvent également décourager les autres de communiquer ouvertement avec vous.

2. Les défis de l'évitement des préjugés et des stéréotypes

Éviter les préjugés et les stéréotypes n'est pas toujours facile. Ils sont souvent profondément enracinés dans notre culture, nos expériences et notre éducation.

Voici quelques-uns des défis auxquels vous pourriez être confronté :

a. Biais inconscients : les préjugés peuvent être si profondément ancrés que vous ne les reconnaissez pas consciemment. Il est nécessaire de développer une conscience de vos propres biais.

2. Pression sociale : la pression sociale peut vous encourager à adopter des préjugés et des stéréotypes courants dans votre environnement. Il peut être difficile de résister à cette pression.

3. Méfiance : si vous avez été victime de discrimination ou de préjugés, vous pourriez être méfiant envers les autres, ce qui peut influencer votre analyse comportementale.

4. Complexité humaine : les gens sont complexes et multidimensionnels, ce qui rend difficile de les réduire à des stéréotypes simplistes. L'analyse comportementale doit prendre en compte cette complexité.

3. Stratégies pour éviter les préjugés et les stéréotypes

Éviter les préjugés et les stéréotypes dans l'analyse comportementale est un défi, mais c'est aussi une démarche essentielle pour améliorer la précision et la compréhension.

Voici quelques stratégies pour vous aider à surmonter ces défis :

a. L'introspection : prenez du temps pour réfléchir à vos propres préjugés et stéréotypes. Identifiez les domaines où vous pourriez être influencé par des biais inconscients.

b. Éducation : apprenez davantage sur les groupes et les cultures différents de votre propre expérience. Éduquez-vous sur les stéréotypes et les préjugés afin de les reconnaître plus facilement.

c. Élargissement des perspectives : favorisez la diversité dans vos interactions sociales et professionnelles. Exposez-vous à des personnes ayant des expériences de vie différentes des vôtres.

d. Remise en question : questionnez vos propres jugements et préjugés. Avant de conclure, demandez-vous si vos observations sont basées sur des preuves réelles ou sur des préjugés.

e. Écoute active : écoutez activement les autres et essayez de comprendre leur point de vue. L'empathie et la compréhension mutuelle sont des antidotes puissants contre les préjugés.

f. Sensibilisation continue : restez conscient de vos propres préjugés et stéréotypes, même après avoir fait des progrès. La vigilance est essentielle pour maintenir des pratiques d'analyse comportementale justes et équilibrées.

Chapitre 26

L'éthique de l'analyse des gens

L'analyse comportementale des gens est une compétence puissante qui peut apporter de nombreux avantages, mais elle doit être exercée avec un fort engagement envers l'éthique. Lorsque vous analysez les autres, vous entrez dans leur sphère personnelle et intime, ce qui comporte des responsabilités éthiques importantes. Nous allons voir l'éthique de l'analyse des gens, en mettant en lumière les principes fondamentaux, les considérations éthiques et les lignes directrices pour une analyse comportementale éthique.

1. Principes fondamentaux de l'éthique de l'analyse des gens

Pour exercer l'analyse des gens de manière éthique, il est essentiel de comprendre et d'appliquer certains principes fondamentaux :

a. Respect de la dignité humaine : chaque individu a droit au respect de sa dignité et de sa vie privée. L'analyse comportementale ne doit pas porter atteinte à cette dignité, ni violer la vie privée des personnes.

b. Consentement éclairé : lorsque vous collectez des informations sur les autres, vous devez obtenir leur consentement éclairé. Les personnes doivent être informées de la nature de l'analyse et de son objectif, et elles doivent donner leur accord volontaire.

c. Confidentialité : les informations collectées dans le cadre de l'analyse comportementale doivent être traitées avec la plus grande confidentialité. Vous ne devez pas divulguer ces informations à des tiers sans le consentement explicite de la personne concernée.

d. Non-discrimination : l'analyse des gens ne doit pas être basée sur des critères discriminatoires tels que la race, le sexe, la religion, l'orientation sexuelle ou d'autres caractéristiques protégées. Tous les individus doivent être traités de manière égale et équitable.

2. Considérations éthiques de l'analyse comportementale

Lorsque vous pratiquez l'analyse comportementale, il est important de prendre en compte plusieurs considérations éthiques :

a. Consentement : obtenez toujours le consentement éclairé des personnes que vous analysez. Expliquez clairement la nature de l'analyse, son but et la manière dont les informations seront utilisées.

b. Confidentialité : protégez la confidentialité des informations que vous collectez. Assurez-vous que les données ne sont accessibles qu'aux personnes autorisées et ne sont pas divulguées sans le consentement des personnes concernées.

c. Objectivité : pratiquez l'objectivité dans votre analyse. Évitez les préjugés, les stéréotypes et les jugements préconçus qui pourraient influencer votre évaluation.

d. Non-discrimination : ne basez pas votre analyse sur des caractéristiques personnelles telles que la race, le sexe, l'âge, la religion ou l'orientation sexuelle. Traitez chaque individu de manière équitable.

e. Utilité et bienfait : assurez-vous que votre analyse a un but utile et bienfaisant. Évitez d'utiliser l'analyse comportementale pour nuire aux autres ou pour des objectifs malveillants.

f. Transparence : soyez transparent sur votre rôle d'analyste comportemental et sur la manière dont vous utiliserez les informations collectées. Répondez aux questions et aux préoccupations des personnes que vous analysez.

3. L'éthique dans des domaines spécifiques

L'analyse des gens peut être appliquée dans divers domaines, tels que la psychologie, les ressources humaines, la sécurité, la négociation, etc. Chaque domaine a ses propres normes éthiques, et il est essentiel de les respecter. Par exemple, les psychologues sont tenus de suivre des codes de déontologie stricts pour protéger la confidentialité et le bien-être de leurs patients.

4. Évaluation éthique continue

L'éthique de l'analyse comportementale ne se limite pas à un simple respect des règles. Elle implique une évaluation continue de vos propres pratiques et de leur impact sur les autres. Réfléchissez régulièrement à vos actions et à leurs conséquences éthiques.

5. Conséquences de l'inconduite éthique

L'inconduite éthique dans l'analyse des gens peut avoir des conséquences graves, notamment la perte de confiance, la réputation ternie, des sanctions légales et des dommages pour les personnes analysées. Il est essentiel de comprendre ces conséquences et de prendre des mesures pour les éviter.

Partie 7

Applications avancées

Chapitre 27

L'analyse des groupes et des dynamiques sociales

L'analyse des gens ne se limite pas à l'examen individuel. Elle peut également être appliquée à l'étude des groupes et des dynamiques sociales. Comprendre comment les gens interagissent au sein de groupes, comment les normes sociales sont établies et comment les dynamiques de groupe fonctionnent est essentiel pour une analyse complète. Nous allons voir l'importance de l'analyse des groupes et des dynamiques sociales, en mettant en lumière les concepts clés, les méthodes et les applications.

1. L'importance de l'analyse des groupes

L'analyse des groupes revêt une grande importance pour plusieurs raisons :

a. Influence sociale : les groupes ont un pouvoir significatif pour influencer le comportement et les attitudes de leurs membres. Comprendre comment cette influence fonctionne est essentiel pour prédire et expliquer le comportement des individus.

2. Normes sociales : les groupes établissent des normes sociales qui guident le comportement de leurs membres. L'analyse de ces normes permet de comprendre pourquoi les gens agissent de certaines manières dans des contextes spécifiques.

3. Conflits et coopération : les groupes sont souvent le lieu où se manifestent des conflits et des processus de coopération. Comprendre ces dynamiques est essentiel pour la résolution de conflits et la promotion de la collaboration.

2. Concepts clés de l'analyse des groupes

Pour analyser efficacement les groupes, il est important de comprendre certains concepts clés :

a. Cohésion de groupe : la cohésion de groupe se réfère à la force des liens sociaux entre les membres d'un groupe. Elle peut influencer la conformité, la loyauté et la satisfaction des membres.

b. Conformité : la conformité est la tendance des individus à se conformer aux attentes et aux normes d'un groupe. Elle peut être influencée par divers facteurs, y compris la pression sociale.

c. Leadership : l'analyse du leadership au sein d'un groupe est essentielle pour comprendre comment les décisions sont prises, comment les tâches sont réparties et comment les objectifs sont atteints.

d. Dynamiques de pouvoir : les dynamiques de pouvoir se réfèrent à la répartition du pouvoir et de l'influence au sein d'un groupe. L'analyse de ces dynamiques peut révéler qui détient le pouvoir et comment il est exercé.

3. Méthodes d'analyse des groupes

Plusieurs méthodes peuvent être utilisées pour analyser les groupes et leurs dynamiques :

a. Observation participante : l'observation participante implique de devenir membre du groupe que vous analysez. Cela permet une immersion complète dans les dynamiques du groupe, mais peut être sujet à des biais d'observation.

b. Entretiens de groupe : les entretiens de groupe rassemblent plusieurs membres d'un groupe pour discuter de sujets spécifiques. Cela peut révéler des opinions, des attitudes et des interactions sociales.

c. Analyse de contenu : l'analyse de contenu consiste à examiner des documents écrits, des enregistrements audio ou vidéo, des médias sociaux, etc., pour identifier des tendances et des thèmes dans les interactions de groupe.

d. Questionnaires : les questionnaires peuvent être utilisés pour recueillir des données sur les attitudes, les croyances et les comportements des membres d'un groupe.

4. Applications de l'analyse des groupes

L'analyse des groupes a de nombreuses applications dans divers domaines :

a. Psychologie sociale : en psychologie sociale, l'analyse des groupes aide à comprendre la manière dont les groupes influencent le comportement individuel et collectif.

b. Gestion des ressources humaines : dans le domaine des ressources humaines, l'analyse des groupes est utilisée pour améliorer la dynamique d'équipe, résoudre les conflits et favoriser la collaboration.

c. Marketing et publicité : les spécialistes du marketing analysent les groupes de consommateurs pour comprendre leurs besoins, leurs préférences et leurs comportements d'achat.

d. Sciences politiques : en sciences politiques, l'analyse des groupes permet de comprendre l'impact des groupes d'intérêt sur la politique et les décisions gouvernementales.

5. Éthique de l'analyse des groupes

L'analyse des groupes soulève également des questions éthiques, notamment en ce qui concerne la confidentialité des membres du groupe, le consentement à la participation à la recherche et la manipulation potentielle des dynamiques de groupe. Il est essentiel de respecter les principes éthiques lors de l'analyse des groupes.

Chapitre 28

L'analyse comportementale dans les médias sociaux

Les médias sociaux ont radicalement transformé la manière dont les gens interagissent en ligne, créant des opportunités uniques pour l'analyse comportementale. Comprendre comment les individus se comportent, communiquent et réagissent dans l'environnement numérique des médias sociaux est devenu essentiel pour de nombreuses applications, de la recherche marketing à la veille concurrentielle. Nous allons voir l'importance de l'analyse comportementale dans les médias sociaux, les méthodes pertinentes et les défis associés.

1. L'importance de l'analyse comportementale dans les médias sociaux

L'analyse comportementale dans les médias sociaux présente plusieurs avantages :

a. Compréhension des audiences : les médias sociaux offrent une mine de données sur les utilisateurs, y compris leurs intérêts, leurs préférences et leurs comportements en ligne. L'analyse de ces données permet de mieux comprendre les audiences cibles.

b. Personnalisation du contenu : en analysant le comportement des utilisateurs sur les médias sociaux, les entreprises peuvent personnaliser leur contenu pour répondre aux besoins et aux intérêts spécifiques de chaque utilisateur.

c. Prévision des tendances : l'analyse comportementale des médias sociaux peut aider à identifier les tendances émergentes, les sujets populaires et les changements d'opinion avant qu'ils ne deviennent largement visibles.

d. Mesure de l'efficacité : les entreprises peuvent évaluer l'efficacité de leurs campagnes de médias sociaux en analysant le comportement des utilisateurs, notamment les taux de clics, les partages et les commentaires.

2. Méthodes d'analyse comportementale dans les médias sociaux

Plusieurs méthodes sont utilisées pour l'analyse comportementale dans les médias sociaux :

a. Analyse des données démographiques : l'analyse des données démographiques permet de comprendre la composition de l'audience d'une plateforme de médias sociaux, notamment l'âge, le sexe, la localisation géographique, etc.

b. Analyse des interactions : cette méthode analyse les interactions des utilisateurs avec le contenu, y compris les likes, les partages, les commentaires et les messages privés.

c. Analyse des sentiments : l'analyse des sentiments évalue les émotions exprimées par les utilisateurs dans leurs publications et leurs commentaires, ce qui permet de mesurer le niveau de satisfaction ou d'insatisfaction.

d. Analyse de l'engagement : l'engagement des utilisateurs, mesuré par leur participation aux discussions et leur réactivité au contenu, est un indicateur clé de l'efficacité d'une campagne.

e. Analyse de l'influence : l'analyse de l'influence identifie les utilisateurs les plus influents au sein d'une communauté en ligne, ce qui peut être utile pour cibler des partenariats ou des collaborations.

3. Défis de l'analyse comportementale dans les médias sociaux

L'analyse comportementale dans les médias sociaux présente également des défis :

a. Volume de données : les médias sociaux génèrent d'énormes quantités de données, ce qui rend l'analyse complexe et exige des outils avancés.

b. Protection de la vie privée : l'analyse des médias sociaux doit respecter la vie privée des utilisateurs et se conformer aux réglementations en matière de protection des données.

c. Compréhension contextuelle : l'analyse comportementale dans les médias sociaux nécessite une compréhension approfondie du contexte, car le sens des interactions peut varier en fonction des circonstances.

d. Évolution rapide : les tendances et les comportements en ligne évoluent rapidement, ce qui oblige les
analystes à rester constamment à jour.

4. Applications de l'analyse comportementale dans les médias sociaux

L'analyse comportementale dans les médias sociaux
trouve des applications dans de nombreux domaines :

a. Marketing : les entreprises utilisent l'analyse
comportementale pour cibler des publicités, personnaliser le contenu et évaluer l'efficacité de leurs campagnes.

b. Recherche de marché : la recherche de marché
utilise l'analyse des médias sociaux pour comprendre
les besoins et les préférences des consommateurs.

c. Gestion de la réputation : les organisations sur-
veillent leur réputation en ligne en analysant les commentaires et les discussions sur les médias sociaux.

d. Veille concurrentielle : l'analyse comportementale
permet de suivre les activités et les stratégies des
concurrents sur les médias sociaux.

5. Éthique de l'analyse comportementale dans les médias sociaux

L'analyse comportementale dans les médias sociaux
soulève des questions éthiques concernant la vie privée,
la manipulation de l'opinion publique et la collecte de
données. Il est essentiel de respecter les principes

éthiques et de se conformer aux réglementations en vi-
gueur.

Chapitre 30

L'avenir de l'analyse comportementale

L'analyse comportementale a connu une évolution rapide et continue au fil des années, grâce aux avancées technologiques, à l'accès accru aux données et à la demande croissante de compréhension des comportements humains. Nous allons voir les tendances émergentes, les domaines d'application en expansion et les défis à relever dans le futur de l'analyse comportementale.

1. Tendances émergentes en analyse comportementale

Plusieurs tendances émergentes façonnent l'avenir de l'analyse comportementale :

a. Analyse des données massives : l'essor des mégadonnées offre aux analystes comportementaux un accès à des volumes de données sans précédent. Cela permet des analyses plus approfondies et la découverte de tendances subtiles.

b. Intelligence artificielle (IA) : l'IA et l'apprentissage automatique révolutionnent l'analyse comportementale en automatisant les processus d'analyse, en identifiant des schémas complexes et en fournissant des prévisions plus précises.

c. Analyse des émotions : l'analyse des émotions se développe, permettant de comprendre les réponses émotionnelles des individus à travers le langage, le visage, la voix et d'autres signaux.

d. Analyse en temps réel : l'analyse comportementale en temps réel devient essentielle pour la prise de décision instantanée, la détection de fraudes et la personnalisation des expériences utilisateur.

2. Domaines d'application en expansion

L'analyse comportementale s'étend à de nouveaux domaines :

a. Santé : l'analyse comportementale est utilisée pour suivre la santé mentale, détecter les maladies précoces et encourager des comportements de vie sains.

b. Éducation : dans l'éducation, l'analyse comportementale aide à personnaliser l'apprentissage, à identifier les besoins spécifiques des élèves et à améliorer les taux de réussite.

c. Sécurité : l'analyse comportementale est cruciale dans la sécurité, notamment pour la détection d'intrusions, la prévention des attaques terroristes et la gestion des catastrophes.

d. Divertissement : l'industrie du divertissement utilise l'analyse comportementale pour recommander des contenus personnalisés, prédire les succès au box-office et améliorer les expériences des joueurs.

3. Défis futurs

Le futur de l'analyse comportementale est prometteur, mais il comporte également des défis à relever :

a. Protection de la vie privée : la collecte et l'analyse de données comportementales soulèvent des préoccupations croissantes en matière de vie privée. Les analystes doivent équilibrer la nécessité de données avec le respect de la vie privée.

b. Biais algorithmiques : les algorithmes d'analyse comportementale peuvent être biaisés, en fonction des données d'entraînement. Il est essentiel de réduire ces biais pour des analyses plus justes.

c. Éthique : l'éthique de l'analyse comportementale est un enjeu majeur, notamment en ce qui concerne la manipulation et la prise de décision automatisée basée sur l'analyse comportementale.

d. Complexité des données : à mesure que les données deviennent plus complexes, les analystes doivent relever le défi de l'interprétation et de la communication des résultats de manière compréhensible.

L'analyse comportementale continuera de jouer un rôle central dans notre compréhension du comportement humain. À mesure que les technologies évoluent et que de nouvelles applications émergent, il est essentiel de maintenir un équilibre entre les avantages de l'analyse comportementale et les préoccupations qui relèvent de l'éthique et de la vie privée.

Table des matières